Entwurf

eines

Transportversicherungsgesetzes.

Aufgestellt

vom

Danziger Nautischen und Rheder Verein,

Eingetragener Verein.

Berlin 1904.

J. Guttentag, Verlagsbuchhandlung,

G. m. b. H.

Vorwort.

Unter dem 12. Juli 1904 hat der unterzeichnete Verein eine Denkschrift herausgegeben, welche Material zum Entwurf eines Transportversicherungsgesetzes enthält. Die Denkschrift wurde in einer hinreichenden Anzahl von Exemplaren gedruckt, um an die in Betracht kommenden Zentralbehörden, interessierten Handelsvertretungen und an alle korporativen Mitglieder des Deutschen Nautischen Vereins versandt zu werden. Es stellte sich aber sehr bald eine weitere erhebliche Nachfrage nach der Denkschrift heraus, die wir aus dem noch vorhandenen Vorrat nicht befriedigen konnten. Wir haben es daher dankbar begrüßt, daß diejenige Verlagsfirma, bei welcher die Entwürfe des Reichsjustizamtes erschienen sind, sich bereit erklärte, unsere Denkschrift in Verlag zu nehmen.

Die Denkschrift ist in nachstehendem unverändert abgedruckt, mit der einzigen Verbesserung, daß die systematische Anordnung des Gesetzes am Schlusse der Denkschrift nicht nur aus den Überschriften der Abschnitte und den Paragraphenzahlen besteht, sondern den vollständigen Text des Gesetzes enthält.

Danziger Nautischer und Rheder Verein,

Eingetragener Verein,

Danzig.

Inhalt.

Einleitung.

Im Jahre 1903 erschien, aufgestellt im Reichsjustizamt, der Entwurf eines Gesetzes über den Versicherungsvertrag nebst den Entwürfen eines zugehörigen Einführungsgesetzes und eines Gesetzes betreffend Abänderung der Vorschriften des Handelsgesetzbuches über die Seeversicherung.

In den Kreisen der deutschen Reederei fand begreiflicherweise vor allem die Behandlung der Seeversicherung Beachtung. Denn nicht nur waren die deutschen gesetzlichen Vorschriften recht veraltet, sondern auch die Allgemeinen Seeversicherungsbedingungen der beiden wichtigsten deutschen Versicherungsmärkte, Hamburg und Bremen, entsprechen bei der Kaskoversicherung schon lange nicht mehr den heutigen Bedürfnissen. Seit langer Zeit haben deshalb viele deutsche Reedereien, und zwar nicht nur Frachtdampferreedereien, ihre Versicherungen teilweise oder ganz in England gedeckt, wo das Recht in bezug auf die Kaskoversicherung wesentlich günstiger für die Versicherten ist. Nun hatte nicht nur das Gesetz über die privaten Versicherungsunternehmungen vom 12. Mai 1901 Zeugnis davon abgelegt, daß die maßgebenden Stellen weitergehende Bestimmungen zugunsten der Versicherten für erforderlich halten, sondern auch dem neuen Gesetzentwurfe war der Ruf vorangegangen, daß er für alle Versicherungszweige den Versicherten Verbesserungen bringen würde. Deshalb war die Enttäuschung um so größer, daß die Seeversicherung, welche bereits dem Gesetze vom 12. Mai 1901 entzogen war, auch in diesem Entwurf so gut wie gar keine Berücksichtigung finden sollte. Nicht allein, daß in der Transportversicherung die volle Vertragsfreiheit blieb, beschränkte sich auch das Gesetz betreffend Abänderung der Seeversicherungsvorschriften des Handelsgesetzbuches auf ganz geringe und unerhebliche Abänderungen.

Bei der Bestimmtheit, mit welcher der Entwurf den Grundsatz aussprach, daß die Seeversicherung als einziger großer Versicherungszweig außerhalb des Gesetzes bleiben solle, erschien es den Interessenten der Reedereien nicht rätlich, sofort eine Abänderung von so grundsätzlicher Bedeutung zu beantragen, wie es die Aufnahme der Seeversicherung in das Gesetz ist. Die hiesige Reederei beschränkte sich darauf, dem Vorsteheramte der Kaufmannschaft zu Danzig ihre hauptsächlichsten Abänderungswünsche zu dem Gesetzentwurf betreffend Abänderung der Vorschriften des Handelsgesetzbuches über die Seeversicherung zu unterbreiten, und das Vorsteheramt, bereit, diese Wünsche zu vertreten, übersandte den zuständigen Behörden und dem Deutschen Handelstage, der eine Kommission zur Beratung des Gesetzes bestellt hatte, unter dem 4. Dezember 1903 Anträge nebst Begründung. Die wichtigsten Punkte wurden außerdem von einem hiesigen Mitgliede des Deutschen Vereins für Versicherungswissenschaft auf der Mitgliederversammlung dieses Vereins, welche sich mit dem neuen Gesetzentwurfe beschäftigte, vertreten.

Diese Danziger Anträge, welche eine Besserstellung der Seeversicherten gegenüber ihren Versicherern bezweckten, fanden, wie begreiflich, nicht die Billigung der letzteren, und der Internationale Transportversicherungs-Verband, welcher bereits unter dem Januar 1904 eine Denkschrift über das Gesetz vom Standpunkt der Transportversicherung erlassen hatte, übersandte dem Deutschen Handelstage unter dem Datum Ende Februar 1904 eine Erwiderung auf die Danziger Anträge. Diese Erwiderung war nicht nur in ihrer Kritik der Danziger Anträge zur Kaskoversicherung, sondern auch insofern nicht durchaus zutreffend, als sie die Grundlage der Diskussion auf die Güterversicherung verschob, wo sie einige Punkte anführen konnte, in denen die deutschen gesetzlichen Bestimmungen und Allgemeinen Versicherungsbedingungen günstiger waren als einige ausländische. Teils deshalb, teils auch, um seine abweichende Meinung gegenüber der Kritik der Transportversicherer in bezug auf die Kaskoversicherung noch deutlicher zur Geltung zu bringen, übersandte das Vorsteheramt dem Handelstage unter dem 5. März 1904 Bemerkungen zu der obengenannten Erwiderung.

Inzwischen darf aber aus den Verhandlungen des Deutschen Vereins für Versicherungswissenschaft, sowie aus den Verhandlungen in der Kommission und im Plenum des Handelstages und aus der oben erwähnten Denkschrift der Transportversicherer (S. 4 zu 3) geschlossen werden, daß ein nahezu allgemeines Einverständnis sämtlicher Beteiligten darüber besteht, daß die Transportversicherung zweckmäßigerweise nur mit der Seeversicherung zusammen geregelt werden kann, und daß die Transportversicherung gerade in den wichtigsten Punkten des Versicherungsrechtes in ihrem innersten Wesen derartig erhebliche Abweichungen von allen übrigen Versicherungszweigen zeigt, daß eine Einfügung der Bestimmungen über die Binnen- und Seetransportversicherung in das allgemeine Gesetz über den Versicherungsvertrag kaum noch als möglich erscheint, wenn anders eine auch nur notdürftige Übersichtlichkeit gewahrt bleiben soll. Kaum zehn oder zwölf Paragraphen der allgemeinen Teile könnten unverändert bleiben. Schon die eine Tatsache, daß bei der Transportversicherung sowohl beim Abschlusse als bei den Bestimmungen über den Versicherungsschein nicht der Versicherte, sondern der Versicherungsnehmer dem Versicherer gegenübergestellt werden muß, scheint ein gemeinsames Gesetz zu verbieten. Dazu kommt die Notwendigkeit, die Obliegenheiten des Versicherungsnehmers und des Versicherten gegenüber dem Versicherer, sowohl bei der Anzeigepflicht als auch sonst, in erheblich schärferer Weise zu regeln, als dies bei den anderen Versicherungszweigen wünschenswert erscheint. Ferner bedarf eine sehr große Anzahl von Paragraphen des Handelsgesetzbuches der Aufnahme in ein Transportversicherungsgesetz, da im Interesse der Versicherten ihr Inhalt unter keinen Umständen einer späteren Regelung in den neu aufzustellenden Allgemeinen Versicherungsbedingungen überlassen bleiben kann. Andererseits aber hat die bisherige Entwickelung des deutschen Seeversicherungsrechtes gezeigt, daß von der ganz allgemeinen Vertragsfreiheit, welche § 177 des Gesetzentwurfes für die Transportversicherung vorsieht, fortan sowohl bei der Seeversicherung wie auch bei der Binnenversicherung immerhin einige Ausnahmen gemacht werden müssen, wie dies nachstehend im Anfange der „Begründung" näher ausgeführt ist. Aber auch hier mag schon darauf hingewiesen werden, daß die See- und Binnentransportversicherung den Wirkungen des Aufsichtsgesetzes entzogen ist, und daß die Aufsichtsbehörde daher nicht in der Lage ist, bei Aufstellung der Allgemeinen Versicherungsbedingungen eine ausgleichende Tätigkeit zu üben.

Erschien es also nunmehr als notwendig, die sämtlichen Paragraphen des Entwurfes vom Standpunkte der See- und Binnentransportversicherung aus durchzusehen und die seeversicherungsrechtlichen Paragraphen des Handelsgesetzbuches daraufhin, was von ihrem Inhalt in ein neues Gesetz zu übernehmen wäre, unter Beachtung der Allgemeinen Seeversicherungsbedingungen von Hamburg und Bremen zu prüfen, so konnte es doch nun nicht mehr in den Rahmen der Tätigkeit des Vorsteheramtes der Kaufmannschaft zu Danzig fallen, einen so umfassenden Stoff zu bearbeiten. Der unterzeichnete Verein übernahm daher diese weitergehende Aufgabe, und hofft mit dem nachstehenden Material einen der deutschen Reederei nützenden Beitrag zur Weiterentwickelung des deutschen Seeversicherungsrechtes geleistet zu haben.

Danziger Nautischer und Rheder Verein,

Eingetragener Verein.

Der Vorsitzende:

Theodor Rodenacker.

Entwurf eines Transportversicherungsgesetzes.

Allgemeine Vorschriften.

§ 1.

Der Versicherer ist verpflichtet, nach dem Eintritte des Versicherungsfalles dem Versicherten den dadurch verursachten Vermögensschaden in demjenigen Umfange zu ersetzen, der sich aus diesem Gesetze und den Bestimmungen des Vertrages ergibt.

Der Versicherungsnehmer hat die vereinbarte Prämie zu entrichten. Als Prämien im Sinne dieses Gesetzes gelten auch die bei Versicherungsunternehmungen auf Gegenseitigkeit zu entrichtenden Beiträge.

§ 2.

Die Versicherung kann in der Weise genommen werden, daß sie in einem vor der Schließung des Vertrages liegenden Zeitpunkte beginnt.

Im Falle des Abs. 1 ist der Vertrag nichtig, wenn der Versicherer bei der Schließung weiß, daß die Möglichkeit des Eintrittes des Versicherungsfalles schon ausgeschlossen ist. Das gleiche gilt, wenn der Versicherungsnehmer bei der Schließung weiß, daß der Versicherungsfall schon eingetreten ist.

Wird der Vertrag durch einen Bevollmächtigten oder einen Vertreter ohne Vertretungsmacht geschlossen, so kommt in den Fällen des Abs. 2 nicht nur die Kenntnis des Vertragschließenden, sondern auch die des Vertretenen in Betracht.

§ 3.

Ist die Dauer der Versicherung nach Tagen, Wochen, Monaten oder nach einem mehrere Monate umfassenden Zeitraume bestimmt, so beginnt die Versicherung mit der Mittagsstunde des Tages, an welchem der Vertrag geschlossen wird. Sie endigt am Mittage des letzten Tages der Frist.

Bei der Berechnung der Zeit ist der Ort maßgebend, an welchem sich der Gegenstand befindet, auf den sich die Versicherung bezieht.

§ 4.

Der Versicherer ist verpflichtet, eine von ihm unterzeichnete Urkunde über den Versicherungsvertrag (Versicherungsschein) dem Versicherungsnehmer auszuhändigen.

Ist ein Versicherungsschein abhanden gekommen oder vernichtet, so kann der Versicherungsnehmer von dem Versicherer die Ausstellung einer Ersatzurkunde verlangen. Läßt das Gesetz die Kraftloserklärung des

Versicherungsscheines zu, so ist der Versicherer erst nach der Kraftloserklärung zur Ausstellung verpflichtet.

Der Versicherungsnehmer kann jederzeit Abschriften der Erklärungen fordern, die er mit Bezug auf den Vertrag abgegeben hat.

Die Kosten des Versicherungsscheines, der Ersatzurkunde, sowie der Abschriften hat der Versicherungsnehmer zu tragen und auf Verlangen vorzuschießen.

§ 5.

Der Versicherungsschein kann nicht auf den Inhaber ausgestellt werden.

Ist bestimmt, daß der Versicherer nur gegen Rückgabe des Versicherungsscheines zu leisten hat, so genügt, wenn der Versicherungsnehmer behauptet, zur Rückgabe außerstande zu sein, das öffentlich beglaubigte Anerkenntnis, daß die Schuld erloschen sei. Diese Vorschrift findet keine Anwendung, wenn das Gesetz die Kraftloserklärung des Versicherungsscheines zuläßt.

§ 5a.

Der Versicherungsschein kann an Order lauten.

Ein Versicherungsschein, der an Order lautet, kann durch Indossament übertragen werden. Durch das Indossament gehen alle Rechte aus dem Vertrage auf den Indossatar über. Der Versicherer ist nur zur Leistung verpflichtet, wenn ihm die Quittung des Indossatars auf der Urkunde vorgelegt wird. Dem legitimierten Besitzer des Versicherungsscheines kann der Versicherer nur solche Einwendungen entgegensetzen, welche die Gültigkeit seiner Erklärung in der Urkunde betreffen oder sich aus dem Inhalt der Urkunde ergeben oder ihm unmittelbar gegen den Besitzer oder aus den §§ 14 bis 27 und § 78 gegen den Versicherungsnehmer zustehen.

Insoweit der Versicherer nur wegen einer Einwendung gegen den Versicherungsnehmer von der Leistung frei ist, kann der legitimierte Inhaber des Versicherungsscheines die Leistung von dem Versicherungsnehmer fordern.

In betreff der Form des Indossamentes, in betreff der Legitimation des Besitzers und der Prüfung der Legitimation sowie in betreff der Verpflichtung des Besitzers zur Herausgabe, finden die Vorschriften der Artikel 11 bis 13, 36, 74 der Wechselordnung entsprechende Anwendung.

Ist der Versicherungsschein vernichtet oder abhanden gekommen, so unterliegt er der Kraftloserklärung im Wege des Aufgebotsverfahrens. Ist das Aufgebotsverfahren eingeleitet, so kann der Berechtigte, wenn er bis zur Kraftloserklärung Sicherheit bestellt, Leistung nach Maßgabe des Versicherungsscheines von dem Versicherer verlangen.

Der Versicherungsschein über eine Versicherung auf Schiff oder Fracht kann nicht an Order lauten. Dies gilt nicht für andere Versicherungen, die sich auf das Schiff beziehen.

§ 6.

Der Versicherer kann sich auf eine Vereinbarung, welche eine Bestimmung dieses Gesetzes abändert, nur berufen, wenn sie ihrem vollen Wortlaute nach in den Versicherungsschein aufgenommen ist.

Auf eine Vereinbarung, nach welcher die Annahme des Versicherungsscheines die Wirkung haben soll, daß der Inhalt des Scheines als von dem Versicherungsnehmer genehmigt gilt, kann sich der Versicherer nur berufen, wenn durch die Vereinbarung dem Versicherungsnehmer eine Frist von mindestens drei Tagen für die Erhebung eines Widerspruches gewährt ist und der Versicherungsnehmer innerhalb dieser Frist Widerspruch nicht erhoben hat.

Das Recht des Versicherungsnehmers, die Genehmigung wegen Irrtums anzufechten, kann durch eine Vereinbarung nicht ausgeschlossen werden.

§§ 7—9.

Ist im Vertrage bestimmt, daß die Verletzung einer Obliegenheit, die von dem Versicherten dem Versicherer gegenüber zu erfüllen ist, das Erlöschen der Ansprüche oder einen sonstigen Rechtsnachteil für den Versicherten zur Folge haben soll, so tritt der Rechtsnachteil nicht ein, wenn die Verletzung den Umständen nach als eine unverschuldete anzusehen oder auf den Eintritt des Versicherungsfalles einflußlos gewesen ist.

Auf eine Vereinbarung, durch welche von dieser Vorschrift abgewichen wird, kann sich der Versicherer nicht berufen.

§ 10.

Die Ansprüche aus dem Versicherungsvertrage verjähren in fünf Jahren. Die Verjährung beginnt mit dem Schlusse des Jahres, in welchem die Leistung verlangt werden kann.

Eine Vereinbarung, durch welche die Verjährung der Ansprüche gegen den Versicherer erleichtert wird, ist nichtig. Das gleiche gilt von einer Vereinbarung, nach welcher der Versicherer von der Verpflichtung zur Leistung frei sein soll, wenn der Anspruch auf die Leistung nicht innerhalb einer bestimmten Frist gerichtlich geltend gemacht wird.

§ 11.

Wird über das Vermögen des Versicherers der Konkurs eröffnet, so endigt das Versicherungsverhältnis, sobald das versicherte Interesse bei einem anderen Versicherer versichert ist. Spätestens aber endigt es vierzehn Tage nach der Konkurseröffnung, und wenn der Gegenstand, auf den sich die Versicherung bezieht, alsdann unterwegs ist, nach Beendigung der Reise.

§ 12.

Auf eine Vereinbarung, nach welcher im Falle der Eröffnung des Konkurses über das Vermögen des Versicherten das Versicherungsverhältnis erlöschen, oder der Versicherer befugt sein soll, das Versicherungsverhältnis vor Beendigung der laufenden Versicherungsperiode zu kündigen, kann sich der Versicherer nicht berufen, wenn die Prämie gezahlt ist oder genügende Sicherheit für sie gestellt wird, oder wenn in dem Vertrage bestimmt ist, daß sie von einem Dritten zu zahlen sei; es sei denn, daß es sich um eine Zeitversicherung auf Schiff oder Fracht handelt, und eine Kündigungsfrist von mindestens einem Monate vereinbart ist.

§ 13.

Als Versicherungsperiode im Sinne dieses Gesetzes gilt die Zeit, nach welcher die Prämie bemessen ist; bei Zeitversicherungen der Zeitraum eines Jahres.

Anzeige der Gefahrumstände. Gefahrveränderung.

§ 14.

Wer einen Versicherungsvertrag schließt, hat alle ihm bei der Schließung bekannten Umstände, die für die Uebernahme der Gefahr erheblich sind, dem Versicherer anzuzeigen.

Wird der Vertrag durch einen Bevollmächtigten oder durch einen Vertreter ohne Vertretungsmacht geschlossen, so sind auch die dem Vertretenen bekannten Umstände anzuzeigen. Auf die dem Vertretenen bekannten Umstände kommt es jedoch nicht an, wenn der Vertrag ohne sein Wissen geschlossen worden ist oder eine rechtzeitige Benachrichtigung des Vertreters nicht tunlich war.

§ 15.

Der Versicherer kann von dem Vertrage zurücktreten, wenn den Vorschriften des § 14 zuwider die Anzeige eines erheblichen Umstandes unterblieben ist. Der Rücktritt ist ausgeschlossen, wenn dem Versicherer der nicht angezeigte Umstand bekannt war oder als ihm bekannt vorausgesetzt werden durfte.

§ 16.

Der Versicherer kann von dem Vertrage zurücktreten, wenn über einen erheblichen Umstand eine unrichtige Anzeige gemacht worden ist.

Der Rücktritt ist ausgeschlossen, wenn die Unrichtigkeit dem Versicherer bekannt war.

§ 17.

Ein Umstand, nach welchem der Versicherer ausdrücklich gefragt hat, gilt im Zweifel als erheblich.

§ 17a.

Die folgenden Umstände gelten als erheblich:

1. bei der Versicherung für eine Reise;
   der Gegenstand der Versicherung;
   der Name des Schiffes;
   der Abgangs- oder Abladeort;
   der Bestimmungsort;
2. bei der Versicherung auf Schiff oder Fracht:
   daß das Schiff im Neubau auf der Werft liegt;
   in Kriegszeiten, soweit die Versicherung für Kriegsmolest gilt, die Flagge; sowie, daß es Konterbande an Bord hat, oder daß es während des Krieges einem Untertan einer kriegführenden Macht abgekauft oder als Prise, die noch auf keinem freien Strom geschwommen, erworben ist;
3. bei der Versicherung auf Schiff oder Fracht auf eine Reise:
   daß das Schiff in erheblicher Reparatur liegt;

4. bei der Versicherung auf Güter:
   wenn die Güter nur unter einer allgemeinen Benennung versichert sind, daß es Edelmetalle, Bargeld, Wertpapiere, Juwelen, echte Spitzen, Kunstwerke, Gegenstände der Liebhaberei oder explosive Gegenstände sind;
   daß der Versicherte zur Besatzung des Schiffes gehört;
   in Kriegszeiten, soweit die Versicherung für Kriegsmolest gilt, daß sie Kriegskonterbande sind;
5. bei der Versicherung auf Bodmerei:
   daß das Schiff in Ballast fährt; oder daß die Schuld vor Antritt der versicherten Reise entstanden ist;
6. bei der Versicherung auf Havereigelder:
   daß das Schiff in Ballast fährt;
7. bei einer Rückversicherung:
   daß es eine Rückversicherung ist.

§ 18.

Der Rücktritt kann nur innerhalb eines Monats erfolgen. Die Frist beginnt mit dem Zeitpunkt, in welchem der Versicherer von der Verletzung der Anzeigepflicht Kenntnis erlangt.

Der Rücktritt erfolgt durch Erklärung gegenüber dem Versicherungsnehmer. Im Falle des Rücktritts sind, soweit dieses Gesetz nicht in Ansehung der Prämie ein anderes bestimmt, beide Teile verpflichtet, einander die empfangenen Leistungen zurückzugewähren; eine Geldsumme ist von der Zeit des Empfanges an zu verzinsen.

§ 18a.

Bei der Versicherung von Gütern ohne Bezeichnung des Schiffes oder der Schiffe (in unbestimmten oder unbenannten Schiffen) hat der Versicherte, sobald er Nachricht erhält, daß versicherte Güter abgeladen sind, diese Nachricht dem Versicherer mitzuteilen.

Der Versicherer ist im Falle einer Verletzung dieser Vorschrift von der Verpflichtung zur Leistung frei, wenn bei den Gütern, deren Abladung nicht rechtzeitig angezeigt ist, der Versicherungsfall eintritt.

§ 19.

Nach dem Abschlusse des Vertrages darf der Versicherte nicht ohne Einwilligung des Versicherers eine Veränderung der Gefahr vornehmen oder deren Vornahme durch einen Dritten gestatten.

§ 20.

Im Falle der Verletzung der Vorschrift des § 19 kann der Versicherer das Versicherungsverhältnis mit einer zehntägigen Kündigungsfrist kündigen.

Das Kündigungsrecht erlischt, wenn es nicht innerhalb dreier Tage von dem Zeitpunkte an ausgeübt wird, in welchem der Versicherer von der Veränderung der Gefahr Kenntnis erlangt, oder wenn der Zustand wieder hergestellt ist, der vor der Veränderung bestanden hat.

Kündigt der Versicherer, während der Gegenstand, auf den sich die Versicherung bezieht, unterwegs ist, so wirkt die Kündigung nicht vor Beendigung der Reise.

§ 21.

Der Versicherer ist im Falle einer Verletzung der Vorschrift des § 19 von der Verpflichtung zur Leistung frei, wenn der Versicherungsfall nach der Veränderung der Gefahr eintritt.

Die Verpflichtung des Versicherers bleibt bestehen, wenn zur Zeit des Eintrittes des Versicherungsfalles das Kündigungsrecht erloschen ist (§ 20 Absatz 2) oder wenn die Veränderung der Gefahr keinen Einfluß auf den Eintritt des Versicherungsfalles und auf den Umfang der dem Versicherer obliegenden Leistung gehabt hat.

§ 22.

Die Vorschriften der §§ 19 bis 21 finden keine Anwendung, wenn der Versicherte zu der Erhöhung der Gefahr durch das Interesse des Versicherers oder durch ein Ereignis, für welches der Versicherer haftet, oder durch ein Gebot der Menschlichkeit veranlaßt wird.

§ 22a.

Wird bei dem Abschluß des Vertrags der Kapitän oder Schiffer bezeichnet, so ist in dieser Bezeichnung allein noch nicht die Zusage enthalten, daß der Benannte die Führung des Schiffes behalten werde.

§§ 23 und 24
zu streichen.

§ 25.

Eine Veränderung der Gefahr im Sinne dieses Gesetzes liegt nur vor, wenn ein Umstand eintritt, welcher geeignet gewesen wäre, auf den Entschluß des Versicherers, sich auf den Vertrag überhaupt oder unter denselben Bestimmungen einzulassen, Einfluß zu üben, wenn er seinen Eintritt bei Abschluß des Vertrages vorausgesehen hätte. Eine unerhebliche Aenderung der Gefahr kommt nicht in Betracht.

Ist die unveränderte Fortdauer eines Umstandes ausdrücklich bedungen worden, so ist, wenn eine Aenderung des Umstandes erfolgt, im Zweifel anzunehmen, daß die Aenderung des Umstandes eine erhebliche Gefahrveränderung zur Folge gehabt hat.

§ 26.

Liegen die Voraussetzungen, unter denen der Versicherer nach den Vorschriften dieses Titels zum Rücktritt oder zur Kündigung berechtigt ist, in Ansehung eines Teiles der Gegenstände vor, auf welche sich die Versicherung bezieht, so steht dem Versicherer das Recht des Rücktritts oder der Kündigung für den übrigen Teil nur zu, wenn für diesen allein der Versicherer den Vertrag unter den gleichen Bestimmungen nicht geschlossen haben würde.

Macht der Versicherer von dem Rechte des Rücktritts oder der Kündigung in Ansehung eines Teiles der Gegenstände Gebrauch, so kann der

Versicherte das Versicherungsverhältnis in Ansehung des übrigen Teiles ohne Einhaltung einer Kündigungsfrist kündigen. Das Kündigungsrecht des Versicherten erlischt, wenn es nicht bis zum Schlusse der laufenden Versicherungsperiode geltend gemacht wird.

In den Fällen, in denen nach § 21 der Versicherer von der Verpflichtung zur Leistung frei ist, findet die Vorschrift des Abs. 1 entsprechende Anwendung.

§ 27.

Auf eine Vereinbarung, durch welche von den Vorschriften der §§ 14 bis 26 zum Nachteile des Versicherten abgewichen wird, kann sich der Versicherer nicht berufen.

Für die Anzeige, welche der Versicherte nach den Bestimmungen dieses Titels zu machen hat, kann die schriftliche Form vereinbart werden.

Prämie.

§ 28.

Wenn im Vertrage nichts anderes vereinbart ist, hat der Versicherungsnehmer die Prämie, und wenn laufende Prämien bedungen sind, die erste Prämie sofort nach dem Abschlusse des Vertrages zu zahlen. Er ist zur Zahlung nur gegen Aushändigung des Versicherungsscheines verpflichtet, es sei denn, daß die Ausstellung eines Versicherungsscheines ausgeschlossen ist.

§ 29.

Leistungsort für die Entrichtung der Prämie ist der Wohnsitz des Versicherers.

Ist die Versicherung durch einen zum Abschluß von Versicherungsverträgen bevollmächtigten Versicherungsagenten geschlossen, so ist dessen Wohnsitz der Leistungsort für die Entrichtung der Prämie.

§ 30.

Ist die Prämie regelmäßig bei dem Versicherungsnehmer eingezogen worden, oder für den Versicherer einem Dritten bezahlt worden, so ist der Versicherungsnehmer zur Uebermittelung der Prämie erst verpflichtet, wenn ihm der Versicherer ausdrücklich anzeigt, daß er die Uebermittelung verlange.

§ 31.

Wird eine Prämienzahlung, die vor oder bei dem Beginne der Versicherung zu erfolgen hat, nicht rechtzeitig bewirkt, so ist der Versicherer von der Verpflichtung zur Leistung frei, wenn der Versicherungsfall vor der Zahlung eintritt.

Der Versicherer ist, wenn die Zahlung nicht rechtzeitig bewirkt wird, berechtigt, das Versicherungsverhältnis unter Einhaltung einer Kündigungsfrist von einem Monate zu kündigen. Die Wirkungen der Kündigung treten nicht ein, wenn die Zahlung bis zum Ablaufe der Kündigungsfrist erfolgt.

§ 32.

War zur Zeit des Eintrittes des Versicherungsfalles der Versicherungsschein dem Versicherungsnehmer ausgehändigt, so ist der Versicherer zur Leistung verpflichtet, auch wenn die Prämie noch nicht gezahlt worden ist. Eine Bestimmung, nach welcher der Vertrag ungeachtet der Aushändigung des Versicherungsscheines erst mit der Zahlung der Prämie wirksam wird, gilt als nicht getroffen.

§ 33.

Wird eine Prämienzahlung, die nach dem Beginne der Versicherung zu erfolgen hat, nicht rechtzeitig bewirkt, so kann der Versicherer dem Versicherungsnehmer auf dessen Kosten eine Zahlungsfrist bestimmen. Tritt der Versicherungsfall nach dem Ablaufe der Frist ein und sind zur Zeit des Eintrittes die Prämien oder die geschuldeten Zinsen oder Kosten nicht bezahlt, so ist der Versicherer von der Verpflichtung zur Leistung frei. Der Versicherer ist nach dem fruchtlosen Ablaufe der Frist berechtigt, das Versicherungsverhältnis ohne Einhaltung einer Kündigungsfrist zu kündigen.

Die Bestimmung der Zahlungsfrist hat schriftlich zu geschehen und eine genaue Angabe der Rechtsfolgen zu enthalten, welche nach Abs. 1 mit dem Ablaufe der Frist verbunden sind. Die Frist darf nicht weniger als zwei Wochen betragen. Eine Fristbestimmung, die ohne Beobachtung dieser Vorschriften erfolgt, ist unwirksam.

Soweit die im Abs. 1 bezeichneten Rechtsfolgen davon abhängen, daß Zinsen oder Kosten nicht gezahlt worden sind, treten die Rechtsfolgen nur ein, wenn die Fristbestimmung die Höhe der Zinsen oder den Betrag der Kosten angibt.

§ 34.

Wird das Versicherungsverhältnis auf Grund der Vorschriften dieses oder des vorhergehenden Titels durch Rücktritt oder Kündigung aufgehoben, so gebührt dem Versicherer gleichwohl die Prämie, jedoch nicht über die laufende Versicherungsperiode hinaus. Kündigt der Versicherer gemäß § 12 oder § 31 Abs. 2, so kann er nur eine angemessene Geschäftsgebühr, jedoch nicht mehr als den halben Betrag einer Jahresprämie, verlangen.

Ist ein Versicherungsvertrag auf Grund der Vorschriften des § 2 nichtig, weil der Versicherte oder sein Vertreter wußte, daß der Versicherungsfall schon eingetreten war, so gebührt dem Versicherer, wenn er nicht bei der Schließung des Vertrages von der Richtigkeit Kenntnis hatte, die Prämie bis zum Schlusse der Versicherungsperiode, in welcher er von der Richtigkeit Kenntnis erlangt.

Endigt das Versicherungsverhältnis infolge der Eröffnung des Konkurses über das Vermögen des Versicherers, so kann der Versicherte die Prämie für die laufende Versicherungsperiode zurückfordern.

§ 35

zu streichen.

§ 36.

Auf eine Vereinbarung, durch welche von den Vorschriften der

§§ 31, 32 und 33 zum Nachteil des Versicherten abgewichen wird, kann sich der Versicherer nicht berufen.

Versicherungsfall.

§ 37.

Der Versicherte, wenn er von der Versicherung Kenntnis hat, oder der Versicherungsnehmer, ist, sobald er von dem Eintritt des Versicherungsfalles Kenntnis erlangt, verpflichtet, dem Versicherer unverzüglich Anzeige zu machen.

§ 38.

Der Versicherte hat nach dem Eintritte des Versicherungsfalles dem Versicherer jede Auskunft zu erteilen, die zur Feststellung des Versicherungsfalles oder des Umfanges der Leistungspflicht des Versicherers erforderlich ist.

Er hat dem Versicherer eine Berechnung des Schadens mitzuteilen und dabei dem Versicherer durch genügende Beläge nachzuweisen:

1. sein Interesse;
2. daß der Gegenstand, auf den sich die Versicherung bezieht, der Gefahr ausgesetzt gewesen ist, gegen welche die Versicherung geschlossen war;
3. den Unfall, auf den der Anspruch gestützt wird;
4. den Schaden und dessen Umfang.

Ist im Vertrage bestimmt, daß der Versicherte von dem Nachweise dieser Umstände oder eines Teiles dieser Umstände befreit ist, so steht es dem Versicherer frei, das Gegenteil zu beweisen. Lautet der Versicherungsschein an Order, so gilt eine solche Bestimmung als nicht getroffen. Ist bei der Versicherung von Gütern im Vertrage bestimmt, daß das Konnossement nicht vorzulegen ist, so befreit diese Vereinbarung nur von dem Nachweise der Verladung.

Als genügende Belege sind im allgemeinen solche Belege anzusehen, die im Handelsverkehre, namentlich wegen der Schwierigkeit der Beschaffung anderer Beweise, nicht beanstandet zu werden pflegen, insbesondere

1. zum Nachweise des Interesses:
   bei der Versicherung des Schiffes die üblichen Eigentumsurkunden;
   bei der Versicherung von Gütern die Fakturen und Konnossemente, sofern nach deren Inhalt der Versicherte zur Verfügung über die Güter befugt erscheint;
   bei der Versicherung der Fracht die Chartepartien und Konnossemente;
2. zum Nachweise der Verladung der Güter die Konnossemente;
3. zum Nachweise des Unfalls die Verklarung und das Tagebuch, in Kondemnationsfällen das Erkenntnis des Prisengerichts, in Verschollenheitsfällen glaubhafte Bescheinigungen über die Zeit, in welcher das Schiff den Abgangshafen verlassen hat, und über die Nichtankunft des Schiffes im Bestimmungshafen während der Verschollenheitsfrist;

4. zum Nachweise des Schadens und dessen Umfanges die den Gesetzen oder Gebräuchen des Ortes der Schadensermittelung entsprechenden Besichtigungs-, Abschätzungs- und Versteigerungsurkunden sowie die Kostenanschläge der Sachverständigen, ferner die quittierten Rechnungen über die ausgeführten Ausbesserungen und andere Quittungen über geleistete Zahlungen; in Ansehung eines teilweisen Schadens am Schiffe (§§ 137s, 137t) genügen jedoch die Besichtigungs- und Abschätzungsurkunden, sowie die Kostenanschläge nur dann, wenn die etwaigen Schäden, die sich auf Abnutzung, Alter, Fäulnis oder Wurmfraß gründen, gehörig ausgeschieden sind und wenn zugleich, soweit es ausführbar war, solche Sachverständige zugezogen worden sind, die entweder ein für allemal obrigkeitlich bestellt oder von dem Ortsgericht oder dem deutschen Konsul und, in deren Ermangelung oder sofern deren Mitwirkung sich nicht erlangen ließ, von einer anderen Behörde besonders ernannt waren.

§ 39

zu streichen.

§ 40.

Auf eine Vereinbarung, nach welcher die Leistung des Versicherers erst mit der Feststellung des Anspruches durch Anerkenntnis, Vergleich oder rechtskräftiges Urteil fällig werden soll, kann sich der Versicherer nicht berufen.

Versicherungsagenten.

§ 41.

Ein Versicherungsagent gilt, auch wenn er nur mit der Vermittelung von Versicherungsgeschäften betraut ist, als bevollmächtigt in dem Versicherungszweige und für den Bezirk, für den er bestellt ist:

1. Anträge auf Schließung eines Versicherungsvertrages sowie den Widerruf solcher Anträge entgegenzunehmen;
2. die Anzeigen, welche während der Versicherung zu machen sind, sowie Kündigungs- und Rücktrittserklärungen oder sonstige, das Versicherungsverhältnis betreffende Erklärungen von dem Versicherten entgegenzunehmen;
3. die von dem Versicherer ausgefertigten Versicherungsscheine oder Verlängerungsscheine auszuhändigen;
4. fällige Prämien gegen die Quittung des Versicherers anzunehmen.

§ 42.

Ist ein Versicherungsagent zum Abschlusse von Versicherungsverträgen bevollmächtigt, so ist er innerhalb des Bezirkes, für den er bestellt ist, auch befugt, die Versicherungsscheine zu zeichnen, die Änderung oder Verlängerung solcher Verträge zu vereinbaren, sowie Kündigungs- und Rücktrittserklärungen abzugeben.

§ 43.

Soweit nach den Vorschriften dieses Gesetzes die Kenntnis des Versicherers von Erheblichkeit ist, steht die Kenntnis eines nur mit der Vermittelung von Versicherungsgeschäften betrauten Agenten der Kenntnis des Versicherers nicht gleich.

§ 44.

Eine Beschränkung der dem Versicherungsagenten nach den Vorschriften dieses Titels zustehenden Vertretungsmacht braucht ein Dritter nur dann gegen sich gelten zu lassen, wenn er die Beschränkung bei der Vornahme des Geschäfts oder der Rechtshandlung kannte oder kennen mußte.

Auf eine Vereinbarung, durch welche von der Vorschrift des Abs. 1 abgewichen wird, kann sich der Versicherer nicht berufen. Die Vorschrift des § 27 Abs. 2 bleibt unberührt.

Inhalt des Vertrages.

§ 45.

Der Versicherer hat den Schadenersatz in Geld zu leisten.

§ 46.

Der Versicherer haftet nur bis zur Höhe der Versicherungssumme, soweit sich nicht aus diesem Gesetze und den Bestimmungen des Vertrages ein anderes ergibt.

§ 47.

Ergibt sich, daß die Versicherungssumme erheblich höher ist als der Wert des versicherten Interesses (Versicherungswert), so kann sowohl der Versicherer als der Versicherte verlangen, daß die Versicherungssumme, unter entsprechender Ermäßigung der Prämie für die künftigen Versicherungsperioden, herabgesetzt wird.

Hat der Versicherte eine Versicherung, bei welcher die Versicherungssumme den Versicherungswert übersteigt, in der Absicht abgeschlossen, sich einen rechtswidrigen Vermögensvorteil zu verschaffen, so ist der Vertrag nichtig. Dem Versicherer gebührt gleichwohl die ganze Prämie, es sei denn, daß ihm die Absicht des Versicherten bekannt war.

§ 48.

Bezieht sich die Versicherung auf eine Sache, so gilt, soweit sich nicht aus den Umständen ein anderes ergibt, der Wert der Sache als Versicherungswert.

§ 49.

Die Versicherung umfaßt den durch den Eintritt des Versicherungsfalls entgehenden Gewinn nur, soweit dies besonders vereinbart ist.

§ 50

zu streichen.

§ 51.

Ist die Versicherungssumme niedriger als der Versicherungswert (Unterversicherung), so haftet der Versicherer im Falle eines teilweisen Schadens nur nach dem Verhältnisse der Versicherungssumme zum Versicherungswerte.

§ 52.

Der Versicherungswert kann durch Vereinbarung auf einen bestimmten Betrag (Taxe) festgesetzt werden. Der Versicherer kann jedoch vor Eintritt des Versicherungsfalles eine Herabsetzung der Taxe fordern, wenn sie wesentlich übersetzt ist; ist imaginärer Gewinn taxiert, so kann der Versicherer eine Herabsetzung der Taxe fordern, wenn sie den Gewinn übersteigt, der zur Zeit des Abschlusses des Vertrages nach kaufmännischer Berechnung möglicherweise zu erwarten war.

Eine Police mit der Bestimmung: „vorläufig taxiert“ wird, solange die Taxe nicht in eine feste verwandelt ist, einer nicht taxierten Police (offenen Police) gleichgeachtet.

Bei der Versicherung von Fracht ist die Taxe in bezug auf einen von dem Versicherer zu ersetzenden Schaden nur maßgebend, wenn es besonders bedungen ist.

Wenn in einem Vertrage mehrere Gegenstände oder eine Gesamtheit von Gegenständen unter einer Versicherungssumme begriffen, aber für einzelne dieser Gegenstände besondere Taxen vereinbart sind, so gelten die Gegenstände, welche besonders taxiert sind, auch als abgesondert versichert.

§ 53

zu streichen.

§ 54.

Ist ein Interesse gegen dieselbe Gefahr bei mehreren Versicherern versichert und übersteigen die Versicherungssummen zusammen den Wert, den das versicherte Interesse zur Zeit des Eintritts des Versicherungsfalles hat (Doppelversicherung), so sind die Versicherer in der Weise als Gesamtschuldner verpflichtet, daß dem Versicherten jeder Versicherer für den Betrag haftet, dessen Zahlung ihm nach seinem Vertrag obliegt, der Versicherte aber im ganzen nicht mehr als den Betrag des Schadens verlangen kann.

Die Versicherer sind im Verhältnisse zueinander zu Anteilen nach Maßgabe der Beträge verpflichtet, deren Zahlung ihnen dem Versicherten gegenüber vertragsmäßig obliegt.

Hat der Versicherte Verträge in der Absicht geschlossen, sich durch Doppelversicherung einen rechtswidrigen Vermögensvorteil zu verschaffen, so sind die sämtlichen in dieser Absicht geschlossenen Verträge nichtig. Ein ohne solche Absicht eingegangenes Versicherungsverhältnis endigt, wenn später ein anderes Versicherungsverhältnis in solcher Absicht eingegangen wird. Jeder Versicherer kann die ganze Prämie verlangen.

Der Versicherte hat jede Doppelversicherung, sobald er sie geschlossen oder von ihr Kenntnis erhalten hat, jedem beteiligten inländischen Versicherer mitzuteilen. Auf eine Vereinbarung, nach welcher die Verletzung dieser Verpflichtung zur Mitteilung das ganze oder teilweise Erlöschen der Ansprüche für den Versicherten zur Folge haben soll, kann sich der Versicherer nicht berufen, wenn dem Versicherten ein Verschulden nicht zur Last fällt.

§ 55.

Der Versicherer ist auch dann zur Leistung verpflichtet, wenn der Versicherungsfall durch das Verhalten des Versicherten herbeigeführt ist, es sei denn, daß das Verhalten auf Verschulden beruht.

Wenn der Versicherte als Kapitän oder Schiffer ein Schiff selbst führt, so ist der Versicherer auch dann zur Leistung verpflichtet, wenn der Versicherungsfall durch ein schuldhaftes Verhalten des Versicherten in der Führung des Schiffes entstanden ist, falls der Versicherte die für seine Stellung erforderliche Gewerbebefugnis besitzt, und falls das Verhalten nicht vorsätzlich oder arglistig war. Bekleidet der Versicherte eine andere Stellung in der Schiffsbesatzung, so findet diese Vorschrift entsprechende Anwendung.

§ 56.

Der Versicherte ist verpflichtet, nach dem Eintritt des Versicherungsfalles, soweit tunlich, für die Abwendung und die Minderung des Schadens zu sorgen und dabei die Weisungen des Versicherers zu befolgen; er hat, wenn die Umstände es gestatten, solche Weisungen einzuholen. Sind mehrere Versicherer beteiligt und sind von ihnen entgegenstehende Weisungen gegeben, so hat er die Weisungen derjenigen zu befolgen, welche zusammen die größere Hälfte des Versicherungswertes versichert haben.

Im Falle der Unterversicherung gilt er als Versicherer für den nicht versicherten Teil.

Wenn keine übereinstimmenden Weisungen von Versicherern gegeben werden, welche zusammen über die Hälfte des Versicherungswertes versichert haben, so hat der Versicherte nach eigenem pflichtmäßigen Ermessen zu handeln.

§ 57.

Wird die Höhe des Schadens im Wege eines Abschätzungsverfahrens durch Sachverständige bestimmt, so ist die getroffene Bestimmung nicht verbindlich, wenn das Ergebnis offenbar von der wirklichen Sachlage erheblich abweicht. Die Bestimmung erfolgt in diesem Falle durch Urteil. Das gleiche gilt, wenn die Sachverständigen die Bestimmung nicht treffen können oder wollen oder sie verzögern.

Ist der Versicherungsfall im Inlande eingetreten und sind nach dem Vertrage die Sachverständigen durch das Gericht zu ernennen, so ist für die Ernennung das Amtsgericht zuständig, in dessen Bezirk der Schaden entstanden ist. Durch eine ausdrückliche Vereinbarung der Beteiligten kann die Zuständigkeit eines anderen Amtsgerichts begründet werden. Eine Anfechtung der Verfügung, durch welche dem Antrage auf Ernennung der Sachverständigen stattgegeben wird, ist ausgeschlossen.

Eine Vereinbarung, durch welche von der Vorschrift des Abs. 1 Satz 1 abgewichen wird, ist nichtig.

§ 58.

Aufwendungen, die der Versicherte zur Abwendung des Schadens macht, fallen, auch wenn sie erfolglos bleiben, dem Versicherer zur Last, soweit der Versicherer sie angeordnet hat oder der Versicherte sie den Umständen nach für geboten halten durfte. Der Versicherer hat solche Aufwendungen auch insoweit zu ersetzen, als sie zusammen mit der übrigen Entschädigung die Versicherungssumme übersteigen. Er hat den für die Aufwendungen erforderlichen Betrag auf Verlangen des Versicherten vorzuschießen.

Bei einer Unterversicherung sind die Aufwendungen nur nach dem in § 51 bezeichneten Verhältnisse zu erstatten.

§ 59.

Ist der Schaden bis zum Ablaufe von zwei Monaten seit der Anzeige des Versicherungsfalles ohne Verschulden des Versicherten noch nicht vollständig festgestellt, so kann der Versicherte in Anrechnung auf die Gesamtforderung die Zahlung des Betrages verlangen, den der Versicherer nach Lage der Sache mindestens zu zahlen hat.

§ 60.

Der Versicherer hat dem Versicherten die Kosten, welche durch die Ermittelung und Feststellung des dem Versicherer zur Last fallenden Schadens entstehen, insoweit zu erstatten, als ihre Aufwendungen den Umständen nach geboten ist, und zwar auch insoweit, als sie zusammen mit der übrigen Entschädigung die Versicherungssumme übersteigen.

Die Kosten, welche dem Versicherten durch die Zuziehung eines Sachverständigen oder eines Beistandes entstehen, hat der Versicherer nicht zu erstatten, es sei denn, daß der Versicherte zu der Zuziehung verpflichtet war.

Bei einer Unterversicherung sind die nach den Abs. 1, 2 dem Versicherer zur Last fallenden Kosten nur nach dem in § 51 bezeichneten Verhältnisse zu erstatten.

Im Falle des § 57 kann der Versicherte den Ersatz der ihm durch das Abschätzungsverfahren entstandenen Kosten nach dem Verhältnisse verlangen, in welchem der ihm zugesprochene Teil des streitigen Betrages zu dem gesamten streitigen Betrage steht.

§ 61.

Steht dem Versicherten ein Anspruch auf Ersatz des Schadens gegen einen Dritten zu, so hat der Versicherer in gleicher Weise zu leisten, als ob dieser Anspruch nicht bestände.

Soweit der Versicherer dem Versicherten den Schaden ersetzt hat, geht der Anspruch auf den Versicherer über, jedoch unbeschadet der Vorschriften des § 775 Abs. 2 und des § 777 Abs. 2 des Handelsgesetzbuches.

Der Versicherte hat dem Versicherer die zur wirksamen Verfolgung eines solchen Anspruches etwa erforderliche Hilfe zu gewähren, auch für die Sicherstellung des Anspruches durch Einbehaltung der Fracht, Erwirkung des Arrestes in das Schiff oder sonst in geeigneter Weise auf Kosten des Versicherers die nach den Umständen angemessene Sorge zu tragen. Er hat auf Verlangen des Versicherers die Rechtsverfolgung im eigenen Namen zu führen, und im Rechtsstreite dasjenige zu tun, was ordentlicherweise von den Parteien getan zu werden pflegt.

Die §§ 56 und 58 finden entsprechende Anwendung.

Gibt der Versicherte seinen Anspruch gegen den Dritten, oder ein zur Sicherung der Ansprüche dienendes Recht auf, so wird der Versicherer von seiner Ersatzpflicht insoweit frei, als er aus dem Anspruch oder dem Recht hätte Ersatz erlangen können.

Richtet sich der Anspruch des Versicherten gegen einen mit ihm in häuslicher Gemeinschaft lebenden Familienangehörigen, so ist der Uebergang ausgeschlossen; der Anspruch geht jedoch über, wenn der Angehörige den Schaden vorsätzlich oder durch grobe Fahrlässigkeit verursacht hat.

Auf die Rechte des Versicherten an der versicherten Sache im Falle eines Totalverlustes und an einer Forderung, zu deren Deckung eine den Gefahren des Transportes ausgesetzten Sache dient, finden diese Vorschriften entsprechende Anwendung.

§§ 62 und 63

zu streichen.

§ 64.

Besteht das Interesse, für welches die Versicherung genommen ist, bei dem Beginne der Versicherung ganz oder teilweise nicht oder gelangt, falls die Versicherung für ein künftiges Unternehmen oder sonst für ein künftiges Interesse genommen ist, das Interesse ganz oder teilweise nicht zur Entstehung, so ist der Versicherte ganz oder zu einem verhältnismäßigen Teile von der Verpflichtung zur Zahlung der Prämie frei; der Versicherer kann, soweit ihm die Prämie hiernach nicht gebührt, eine angemessene Geschäftsgebühr, jedoch nicht mehr als den halben Betrag einer Jahresprämie, verlangen.

Fällt das Interesse, für welches die Versicherung genommen ist, nach dem Beginne der Versicherung vollständig weg, so gebührt dem Versicherer die Prämie für die laufende Versicherungsperiode; fällt das Interesse nur teilweise weg, so behält er außerdem den Anspruch auf eine verhältnismäßig geminderte Prämie für die künftigen Versicherungsperioden.

§ 65.

Eine Vereinbarung, nach welcher ein für eine bestimmte Zeit eingegangenes Versicherungsverhältnis mit dem Ablaufe dieser Zeit als stillschweigend verlängert gelten soll, wenn es nicht vorher gekündigt wird, ist insoweit nichtig, als die Verlängerung für mehr als ein Jahr bedungen ist.

Veräußerung der versicherten Sache.

§ 66.

Wird die versicherte Sache von dem Versicherten veräußert, so tritt an Stelle des Veräußerers der Erwerber in die sich während der Dauer seines Eigentums aus dem Versicherungsverhältnis ergebenden Rechte und Pflichten des Versicherten ein.

§ 67.

Für die Prämie, welche auf die zur Zeit des Eintrittes laufende

Versicherungsperiode entfällt, haften der Veräußerer und der Erwerber als Gesamtschuldner.

Der Versicherer hat in Ansehung der durch das Versicherungsverhältnis gegen ihn begründeten Forderungen die Veräußerung erst dann gegen sich gelten zu lassen, wenn er von ihr Kenntnis erlangt; die Vorschriften der §§ 406 bis 408 des Bürgerlichen Gesetzbuches finden entsprechende Anwendung.

§ 68.

Bei einer Zeitversicherung auf Schiff oder Fracht ist der Versicherer berechtigt, dem Erwerber das Versicherungsverhältnis unter Einhaltung einer Frist von mindestens einem Monate zu kündigen. Das Kündigungsrecht erlischt, wenn der Versicherer es nicht innerhalb eines Monats von dem Zeitpunkt an ausübt, in welchem er von der Veräußerung Kenntnis erlangt.

Die Veräußerung ist dem Versicherer unverzüglich anzuzeigen.

§ 69.

Der Versicherer bleibt von der Haftung für die Gefahren befreit, welche nicht eingetreten sein würden, wenn die Veräußerung unterblieben wäre.

§ 70.

Der Eintritt des Erwerbers in die Rechte und Pflichten des Versicherten kann durch eine Vereinbarung zwischen diesem und dem Erwerber ausgeschlossen werden.

Hat der Erwerber von der Versicherung keine Kenntnis gehabt, so kann er das Versicherungsverhältnis ohne Einhaltung einer Kündigungsfrist kündigen. Das Kündigungsrecht erlischt, wenn der Erwerber es nicht innerhalb eines Monats von dem Zeitpunkt an ausübt, in welchem er von der Versicherung Kenntnis erlangt.

§ 71.

Wird das Versicherungsverhältnis auf Grund des § 68 oder des § 70 Abs. 2 gekündigt, so hat der Veräußerer dem Versicherer die Prämie zu zahlen, jedoch nicht über die zur Zeit der Beendigung des Versicherungsverhältnisses laufende Versicherungsperiode hinaus; eine Haftung des Erwerbers für die Prämie findet in diesen Fällen nicht statt.

§ 72

zu streichen.

§ 73.

Bei einer Zwangsversteigerung der versicherten Sache finden die Vorschriften der §§ 66 bis 71 mit der Maßgabe entsprechende Anwendung, daß der Ersteher auch dann kündigen kann, wenn er von der Versicherung Kenntnis gehabt hat. Im Falle einer solchen Kenntnis erlischt das Kündigungsrecht des Erwerbers, wenn es nicht innerhalb eines Monats nach dem Zuschlag ausgeübt wird.

Versicherter und Versicherungsnehmer. Versicherung für fremde Rechnung.

§ 74.

Die Versicherung kann von demjenigen, welcher den Vertrag mit dem Versicherer schließt, im eigenen Namen für einen anderen, mit oder ohne Benennung der Person des Versicherten, genommen werden (Versicherung für fremde Rechnung).

Ergibt sich aus den Umständen nicht, daß die Versicherung für fremde Rechnung genommen werden soll, so gilt sie als für eigene Rechnung genommen.

§ 75.

Bei der Versicherung für fremde Rechnung stehen die Rechte aus dem Versicherungsvertrage dem Versicherten zu. Die Aushändigung eines Versicherungsscheins kann jedoch nur der Versicherungsnehmer verlangen.

Der Versicherte kann über seine Rechte ohne Zustimmung des Versicherungsnehmers nur verfügen, wenn er im Besitz eines Versicherungsscheins ist.

§ 76.

Der Versicherungsnehmer kann über die Rechte aus dem Versicherungsvertrag im eigenen Namen verfügen. Zur Geltendmachung der Entschädigungsforderung ist er jedoch, wenn ein Versicherungsschein ausgestellt ist, nur befugt, wenn er im Besitze des Versicherungsscheines ist.

Der Versicherer ist zur Zahlung der Entschädigung nur verpflichtet, wenn der Versicherungsnehmer ihm gegenüber nachweist, daß der Versicherte seine Zustimmung zu der Versicherung erteilt hat.

§ 76a.

Der Versicherungsnehmer ist nicht verpflichtet, den Versicherungsschein dem Versicherten oder den Gläubigern oder der Konkursmasse des Versicherten auszuliefern, bevor er wegen der gegen den Versicherten in bezug auf den versicherten Gegenstand ihm zustehenden Ansprüche befriedigt ist. Im Falle eines Schadens kann der Versicherungsnehmer sich wegen dieser Ansprüche aus der Forderung, welche gegen den Versicherer begründet ist, und nach Einziehung der Versicherungsgelder aus den letzteren vorzugsweise vor dem Versicherten und vor dessen Gläubigern befriedigen.

§ 76b.

Der Versicherer macht sich dem Versicherungsnehmer verantwortlich, wenn er, während sich dieser noch im Besitze des Versicherungsscheins befindet, durch Zahlungen, die er dem Versicherten oder den Gläubigern oder der Konkursmasse des Versicherten leistet, oder durch Verträge, die er mit ihnen schließt, das im § 76a bezeichnete Recht des Versicherungsnehmers beeinträchtigt.

Inwiefern sich der Versicherer einem Dritten, welchem Rechte aus dem Versicherungsschein eingeräumt sind, dadurch verantwortlich macht, daß er über diese Rechte Verträge schließt oder Versicherungsgelder zahlt, ohne sich den Versicherungsschein zurückgeben zu lassen oder ihn mit der erforderlichen Bemerkung zu versehen, bestimmt sich nach den Vorschriften des bürgerlichen Rechtes.

§ 77.

Der Versicherer kann gegen die Entschädigungsforderung eine Forderung, die ihm gegen den Versicherungsnehmer zusteht, insoweit aufrechnen, als sie auf dem Versicherungsverhältnisse beruht.

§ 78.

Die Vorschriften dieses Gesetzes, nach welchen im Falle der Schließung des Vertrages durch einen Vertreter nicht nur die Kenntnis oder das Verschulden des Vertreters, sondern auch die des Vertretenen in Betracht kommt, finden bei der Versicherung für fremde Rechnung auf die Kenntnis sowie das Verschulden des Versicherungsnehmers und des Versicherten sowie des Zwischenbeauftragten entsprechende Anwendung.

Im Falle des § 2 Abs. 3 kommt es jedoch auf die Kenntnis des Versicherten und des Zwischenbeauftragten nicht an, wenn eine rechtzeitige Benachrichtigung des Vertreters nicht tunlich war, und auf die Kenntnis des Versicherten nicht, wenn der Vertrag ohne sein Wissen geschlossen worden ist.

§ 79.

Ist die Versicherung für Rechnung „wen es angeht" genommen oder ist in anderer Weise unbestimmt gelassen, ob eigenes oder fremdes Interesse versichert ist, so kommen die Vorschriften der §§ 75 bis 78 zur Anwendung, wenn sich ergibt, daß fremdes Interesse versichert ist.

Umfang der Gefahr.

§ 121.

Der Versicherer trägt alle Gefahren, denen Schiff oder Güter während der Dauer der Versicherung ausgesetzt sind, soweit sich nicht aus diesem Gesetze oder aus den Bestimmungen des Vertrages ein anderes ergibt.

Er trägt insbesondere:

1. die Gefahr der Naturereignisse und der sonstigen Unfälle, auch wenn diese durch Verschulden eines Dritten veranlaßt sind, wie Eindringen des Wassers, Strandung, Schiffbruch, Sinken, Feuer, Explosion, Blitz, Erdbeben, Beschädigung durch Eis usw.;
2. die Gefahr des Krieges und der Verfügungen von hoher Hand;
3. die Gefahr des auf Antrag eines Dritten angeordneten, von dem Versicherten nicht verschuldeten Arrestes;
4. die Gefahr des Diebstahls, sowie die Gefahr des Seeraubes, der Plünderung und sonstiger Gewalttätigkeiten;
5. die Gefahr der Verbodmung der versicherten Güter zur Fortsetzung der Reise oder der Verfügung über die Güter durch Verkauf oder durch Verwendung zu gleichem Zwecke (§§ 538 bis 541, 732 des Handelsgesetzbuchs);

6. die Gefahr der Unredlichkeit oder des Verschuldens einer Person der Schiffsbesatzung, sofern daraus für den versicherten Gegenstand ein Schaden entsteht;
7. die Gefahr des Zusammenstoßes von Schiffen, soweit der Versicherte infolge des Zusammenstoßes an dem versicherten Interesse unmittelbar Schaden erleidet.

§§ 122 und 123.

Dem Versicherer fallen die nachstehend bezeichneten Schäden nicht zur Last:

1. bei der Versicherung von Schiff oder Fracht:
   a) der Schaden, welcher daraus entsteht, daß
      bei einer Seeversicherung das Schiff in einem nicht seetüchtigen Zustande oder nicht gehörig ausgerüstet oder bemannt, oder ohne die erforderlichen Papiere (§ 513 des Handelsgesetzbuchs) in See gesandt ist;
      bei einer Flußversicherung das Schiff in einem nicht fahrtüchtigen Zustande, oder nicht gehörig ausgerüstet oder bemannt die Reise antritt;
   es sei denn, daß der Versicherte beweist, daß der Mangel ohne sein Verschulden entstanden ist; see- oder fahrtüchtig ist ein Schiff, welches nach dem erkennbaren Zustande des Schiffskörpers und der etwa vorhandenen Maschine, sowie des gesamten Zubehörs geeignet ist, die gewöhnlichen Gefahren der Schiffahrt auf der nächstbevorstehenden Reise zu bestehen;
   b) der Schaden, welcher daraus entsteht, daß der Reeder für den durch eine Person der Schiffsbesatzung einem Dritten zugefügten Schaden haften muß (§§ 485, 486 des Handelsgesetzbuchs, §§ 3, 4 des Binnenschiffahrtsgesetzes);
2. bei einer auf das Schiff sich beziehenden Versicherung:
   der Schaden an Schiff und Zubehör, welcher nur eine Folge der Abnutzung des Schiffes im gewöhnlichen Gebrauch ist, oder nur durch Alter, Fäulnis oder Wurmfraß verursacht wird;
3. bei einer auf Güter sich beziehenden Versicherung:
   a) der Schaden, welcher durch die natürliche Beschaffenheit der Güter, namentlich durch inneren Verderb, Schwinden, gewöhnliche Leckage, sowie durch mangelhafte Verpackung der Güter oder durch Ratten oder Mäuse verursacht wird; wenn jedoch die Reise durch einen Unfall, für den der Versicherer haftet, ungewöhnlich verzögert wird, so hat der Versicherer diese Schäden in dem Maße zu ersetzen, in welchem die Verzögerung dessen Ursache ist;
   b) der Schaden, der von dem Absender oder Empfänger in dieser Eigenschaft vorsätzlich oder aus grober Fahrlässigkeit verursacht wird;
4. der Schaden, welcher durch ein Verschulden des Versicherten entstanden ist.

§ 124.

Eine auf Güter sich beziehende Versicherung erstreckt sich auf die ganze Dauer der versicherten Reise.

Die Versicherung beginnt in dem Zeitpunkte, in welchem die Güter von dem Frachtführer zur Beförderung angenommen werden, und endigt mit dem Zeitpunkte, in welchem die Güter dem Empfänger am Ablieferungsorte abgeliefert oder, wenn sich ein Ablieferungshindernis ergibt, rechtmäßig hinterlegt oder verkauft werden.

Wird die Ablieferung von dem Versicherten ungebührlich lange verzögert, so endet die Versicherung mit dem Zeitpunkte, in welchem die Ablieferung beendet sein würde, wenn eine solche Verzögerung nicht stattgefunden hätte.

§ 125.

Unter die Versicherung gegen die Gefahren der Beförderung von Gütern auf Eisenbahnen fällt auch die Beförderung zur Eisenbahn sowie die Beförderung von der Eisenbahn an den Empfänger, wenn sie durch die Eisenbahnverwaltung oder unter ihrer Verantwortlichkeit erfolgt.

§ 126.

Bei der Versicherung von Gütern trägt der Versicherer die Gefahr der Benutzung von Leichterfahrzeugen nur, wenn die Benutzung ortsüblich ist.

§ 127.

Wird die Reise des zur Beförderung der versicherten Güter bestimmten Schiffes nach dem Beginn der Versicherung ohne Zustimmung oder nachfolgende Genehmigung des Versicherten aufgegeben und werden die Güter in anderer Art als mit diesem Schiffe nach dem Bestimmungsorte weiterbefördert, so fällt diese Beförderung unter die Versicherung, auch wenn sie zu Lande geschieht; die Versicherung umfaßt die Kosten der Umladung und der einstweiligen Lagerung sowie die Mehrkosten der Weiterbeförderung.

Wird die Reise mit Zustimmung oder Genehmigung des Versicherten aufgegeben, so tritt in Ansehung der Beendigung der Versicherung der Ort, wo die Reise aufhört, an die Stelle des Bestimmungsortes.

§ 128.

Eine auf das Schiff sich beziehende Versicherung beginnt, wenn sie für eine Reise genommen ist, in dem Zeitpunkte, in welchem mit der Einnahme der Ladung oder des Ballastes angefangen wird, oder, wenn weder Ladung noch Ballast einzunehmen ist, in dem Zeitpunkte der Abfahrt des Schiffes. Sie endigt in dem Zeitpunkte, in welchem die Löschung der Ladung oder des Ballastes am Bestimmungsorte beendigt ist, oder, wenn weder Ladung noch Ballast zu löschen ist, in dem Zeitpunkte, in welchem das Schiff am gebräuchlichen oder gehörigen Ort sicher vor Anker liegt oder befestigt ist. Wird die Löschung von dem Versicherten ungebührlich verzögert, so endet die Versicherung in dem Zeitpunkte, in welchem die Löschung beendigt sein würde, falls die Verzögerung nicht stattgefunden hätte.

Wird vor der Beendigung der Löschung für eine neue Reise Ladung oder Ballast eingenommen, so endigt die Versicherung in dem Zeitpunkte, in welchem mit der Einnahme angefangen wird.

Wird nach dem Beginn der Versicherung die versicherte Reise aufgegeben, so tritt in Ansehung der Beendigung der Versicherung der Ort, wo die Reise aufhört, an die Stelle des Bestimmungsortes.

§ 128a.

Bei einer Versicherung nach einem oder dem anderen unter mehreren Häfen ist dem Versicherten gestattet, einen dieser Häfen zu wählen; bei einer Versicherung nach einem **und** einem anderen oder nach einem und mehreren anderen Häfen ist der Versicherte zum Besuch eines jeden der bezeichneten Häfen befugt.

Ist die Versicherung nach mehreren Häfen geschlossen oder dem Versicherten das Recht vorbehalten, mehrere Häfen anzulaufen, so ist dem Versicherten nur gestattet, die Häfen nach der vereinbarten oder in Ermangelung einer Vereinbarung nach der den Schiffahrtsverhältnissen entsprechenden Reihenfolge zu besuchen; er ist jedoch zum Besuch aller einzelnen Häfen nicht verpflichtet.

Die im Versicherungsschein enthaltene Reihenfolge wird, soweit nicht ein anderes sich ergibt, als die vereinbarte angesehen.

§ 128b.

Ist die Versicherung auf mehrere aufeinander folgende Reisen genommen, so läuft sie vom Beginne der ersten Reise bis zum Ende der letzten Reise (§ 128) ununterbrochen fort.

§ 128c.

Eine Versicherung von Bodmerei- und Havereigeldern beginnt in dem Zeitpunkte, in welchem sie vorgeschossen sind. Ihr Ende bestimmt sich nach §§ 124 bis 126 und § 128.

Hat der Versicherte die Havereigelder selbst verwendet, so findet die Vorschrift des ersten Absatzes keine Anwendung.

§ 129.

Eine auf das Schiff sich beziehende Versicherung läuft, wenn sie auf eine bestimmte Zeit genommen ist, während der vereinbarten Versicherungszeit ununterbrochen fort.

Ist ein auf Zeit versichertes Schiff bei dem Ablaufe der vereinbarten Versicherungszeit unterwegs, so gilt das Versicherungsverhältnis als verlängert bis zur Ankunft des Schiffes am nächsten Bestimmungsort und, falls an diesem gelöscht wird, bis zu dem nach § 128 für die Beendigung der Versicherung maßgebenden Zeitpunkte. Der Versicherte kann die Verlängerung, solange das Schiff noch nicht unterwegs ist, durch eine gegenüber dem Versicherer abzugebende Erklärung ausschließen.

Im Falle der Verlängerung hat der Versicherte für deren Dauer, und, wenn die Verschollenheit des Schiffes eintritt, bis zum Ablaufe der Verschollenheitsfrist die vereinbarte Zeitprämie fortzuentrichten.

Ist die Verlängerung ausgeschlossen, so kann der Versicherer, wenn die Verschollenheitsfrist über die Versicherungszeit hinausläuft, auf Grund der Verschollenheit nicht in Anspruch genommen werden.

§ 129a.

Auf eine Vereinbarung, nach welcher der Versicherer nach Eintritt eines Versicherungsfalles das Versicherungsverhältnis kündigen kann, kann sich der Versicherer nicht berufen.

Auf eine Vereinbarung, nach welcher der Versicherer wegen der Veräußerung der versicherten Sachen das Versicherungsverhältnis kündigen kann, kann sich der Versicherer nur bei einer Zeitversicherung auf Schiff oder Fracht berufen.

Kündigt der Versicherer bei einer Versicherung auf Schiff oder Fracht das Versicherungsverhältnis, während das Schiff unterwegs ist, so wirkt die Kündigung nicht vor Beendigung der Reise.

§ 129b.

Dem Versicherer fallen zur Last:

1. Die Beiträge der großen Haverei mit Einschluß derjenigen, welche der Versicherte selbst wegen eines von ihm erlittenen Schadens zu tragen hat; die in Gemäßheit der §§ 635, 732 des Handelsgesetzbuchs nach den Grundsätzen der großen Haverei zu beurteilenden Beiträge werden den Beiträgen zur großen Haverei gleich geachtet;
2. die Aufopferungen, welche zur großen Haverei gehören würden, wenn das Schiff Güter und zwar andere als Güter des Reeders an Bord gehabt hätte.

Bei einer Unterversicherung sind die Beiträge und Aufopferungen nur nach dem in § 51 bezeichneten Verhältnisse zu erstatten.

§ 129c.

In Ansehung der Beiträge zur großen Haverei und der nach den Grundsätzen der großen Haverei zu beurteilenden Beiträge bestimmen sich die Verpflichtungen des Versicherers nach der am gehörigen Orte im Inlande oder im Auslande, im Einklange mit dem am Orte der Aufmachung geltenden Rechte aufgemachten Dispache. Insbesondere ist der Versicherte, der einen zur großen Haverei gehörenden Schaden erlitten hat, nicht berechtigt, von dem Versicherer mehr als den Betrag zu fordern, zu welchem der Schaden in der Dispache berechnet ist; andererseits haftet der Versicherer für diesen ganzen Betrag, ohne daß namentlich der Versicherungswert maßgebend ist.

Auch kann der Versicherte, wenn der Schaden nach dem am Orte der Aufmachung geltenden Rechte als große Haverei nicht anzusehen ist, den Ersatz des Schadens von dem Versicherer nicht aus dem Grunde fordern, weil der Schaden nach einem anderen Rechte, insbesondere nach dem Rechte des Versicherungsortes, große Haverei sei.

§ 129d.

Der Versicherer haftet jedoch für die im § 129c erwähnten Beiträge nicht, soweit sie sich auf einen Unfall gründen, für den der Versicherer nach dem Versicherungsvertrage nicht haftet.

§ 129e.

Ist die Dispache von einer durch Gesetz oder Gebrauch dazu berufenen Person aufgemacht worden, so kann der Versicherer sie wegen Nichtübereinstimmung mit dem am Orte der Aufmachung geltenden Rechte und der dadurch bewirkten Benachteiligung des Versicherten nicht anfechten, es sei denn, daß der Versicherte durch mangelhafte Wahrnehmung seiner Rechte die Benachteiligung verschuldet hat.

Dem Versicherten liegt jedoch ob, die Ansprüche gegen die zu seinem Nachteile Begünstigten dem Versicherer abzutreten.

Dagegen ist der Versicherer befugt, in allen Fällen die Dispache dem Versicherten gegenüber insoweit anzufechten, als ein von dem Versicherten selbst erlittener Schaden, für den ihm nach dem am Orte der Aufmachung der Dispache geltenden Rechte eine Vergütung nicht gebührt hätte, gleichwohl als große Haverei behandelt worden ist.

§ 129f.

Wegen eines von dem Versicherten erlittenen, zur großen Haverei gehörenden oder nach den Grundsätzen der letzteren zu beurteilenden Schadens haftet der Versicherer, wenn die Einleitung des die Feststellung und Verteilung des Schadens bezweckenden ordnungsmäßigen Verfahrens stattgefunden hat, in Ansehung der Beiträge, welche dem Versicherten zu entrichten sind, nur insoweit, als der Versicherte die ihm gebührende Vergütung auch im Rechtswege, sofern er diesen füglich betreten konnte, nicht erhalten hat.

§ 129g.

Ist die Einleitung des Verfahrens ohne Verschulden des Versicherten unterblieben, so kann er den Versicherer wegen des ganzen Schadens nach Maßgabe des Versicherungsvertrages unmittelbar in Anspruch nehmen.

§ 129h.

Bei einer Versicherung gegen die Gefahren der Binnenschiffahrt ist eine vom Schiffer aufgestellte Dispache für den Versicherer nur verbindlich, wenn mit seiner Zustimmung die Aufstellung dem Schiffer übertragen ist.

§ 129i.

Sind nach Eintritt eines Versicherungsfalles Aufwendungen zur Abwendung oder Minderung oder zur Ermittelung und Feststellung eines Schadens oder zur Wiederherstellung oder Ausbesserung der durch einen Versicherungsfall beschädigten Sache gemacht oder Beiträge zur großen Haverei geleistet oder ist eine persönliche Verpflichtung des Versicherten zur Entrichtung solcher Beiträge entstanden, so haftet der Versicherer für den Schaden, der durch einen späteren Versicherungsfall verursacht wird, bis zur Höhe der ganzen Versicherungssumme ohne Rücksicht auf die ihm zur Last fallenden früheren Aufwendungen und Beiträge.

§ 129j.

Der Versicherer ist nach dem Eintritt eines Unfalles berechtigt, sich durch Zahlung der vollen Versicherungssumme von allen weiteren Verbindlichkeiten aus dem Versicherungsvertrage zu befreien, insbesondere von der Verpflichtung, die Kosten zu erstatten, welche zur Rettung, Erhaltung und Wiederherstellung der versicherten Sachen erforderlich sind.

War zur Zeit des Eintrittes des Unfalles ein Teil der versicherten Sachen der vom Versicherer zu tragenden Gefahr bereits entzogen, so hat der Versicherer, welcher von dem Rechte des Abs. 1 Gebrauch macht, den auf jenen Teil fallenden Teil der Versicherungssumme nicht zu entrichten.

Der Versicherer erlangt durch Zahlung der Versicherungssumme keinen Anspruch auf die versicherten Sachen.

Ungeachtet der Zahlung der Versicherungssumme bleibt der Versicherer zum Ersatze derjenigen Kosten verpflichtet, welche auf die Rettung, Erhaltung oder Wiederherstellung der versicherten Sachen verwendet worden sind, bevor seine Erklärung, von dem Rechte Gebrauch zu machen, dem Versicherten zugegangen ist.

§ 129k.

Der Versicherer muß seinen Entschluß, von dem im § 129j bezeichneten Rechte Gebrauch zu machen, bei Verlust dieses Rechtes dem Versicherten spätestens am dritten Tage nach dem Ablaufe desjenigen Tages erklären, an welchem ihm der Versicherte den Unfall unter Bezeichnung seiner Beschaffenheit und seiner unmittelbaren Folgen angezeigt und alle sonstigen auf den Unfall sich beziehenden Umstände mitgeteilt hat, soweit die letzteren dem Versicherten bekannt sind.

§ 129l.

Besondere Havereien hat der Versicherer nicht zu ersetzen, wenn sie ohne die Kosten der Ermittelung und Feststellung des Schadens (§ 60) drei Prozent des Versicherungswertes nicht übersteigen; betragen sie mehr als drei Prozent, so sind sie ohne Abzug der drei Prozent zu vergüten.

Ist das Schiff auf Zeit oder auf mehrere Reisen versichert, so sind die drei Prozent für jede einzelne Reise zu berechnen. Der Begriff der Reise bestimmt sich nach § 757 des Handelsgesetzbuchs.

§ 129m.

Die im § 58 und § 129b erwähnten Beiträge, Aufopferungen und Kosten muß der Versicherer ersetzen, auch wenn sie drei Prozent des Versicherungswertes nicht erreichen. Sie kommen jedoch bei der Ermittelung der im § 129l bezeichneten drei Prozent nicht in Berechnung.

§ 129n.

Ist vereinbart, daß der Versicherer von bestimmten Prozenten frei sein soll, so kommen die Vorschriften der §§ 129l, 129m mit der Maßgabe zur Anwendung, daß an die Stelle der dort erwähnten drei Prozent die im Vertrage angegebene Anzahl von Prozenten tritt.

§ 129o.

Ist vereinbart, daß der Versicherer die Kriegsgefahr nicht übernimmt, auch die Versicherung rücksichtlich der übrigen Gefahren nur bis zum Eintritt einer Kriegsbelästigung dauern soll, so endet die Gefahr für den Versicherer mit dem Zeitpunkte, in welchem die Kriegsgefahr auf die Reise Einfluß zu üben beginnt, insbesondere also, wenn der Antritt oder die Fortsetzung der Reise durch Kriegsschiffe, Kaper oder Blockade behindert oder zur Vermeidung der Kriegsgefahr aufgeschoben wird, wenn das Schiff aus einem solchen Grunde von seinem Wege abweicht oder wenn der Schiffer durch Kriegsbelästigung die freie Führung des Schiffes verliert.

Eine Vereinbarung der im Abs. 1 bezeichneten Art wird namentlich angenommen, wenn der Vertrag mit der Klausel: „frei von Kriegsmolest" abgeschlossen ist.

§ 129p.

Ist vereinbart, daß der Versicherer zwar nicht die Kriegsgefahr übernimmt, alle übrigen Gefahren aber auch nach dem Eintritt einer Kriegsbelästigung tragen soll, so endet die Gefahr für den Versicherer erst mit der Kondemnation der versicherten Sache oder sobald sie geendet hätte, wenn die Kriegsgefahr nicht ausgenommen worden wäre; der Versicherer haftet aber nicht für die zunächst durch Kriegsgefahr verursachten Schäden, also insbesondere nicht:

- für Konfiskation durch kriegführende Mächte;
- für Nehmung, Beschädigung, Vernichtung und Plünderung durch Kriegsschiffe und Kaper;
- für die Kosten, welche entstehen aus der Anhaltung und Reklamierung, aus der Blockade des Aufenthaltshafens oder der Zurückweisung von einem blockierten Hafen oder aus dem freiwilligen Aufenthalte wegen Kriegsgefahr;
- für die nachstehenden Folgen eines solchen Aufenthaltes, Verderb und Verminderung der Güter, Kosten und Gefahr ihrer Entlöschung und Lagerung, Kosten ihrer Weiterbeförderung.

Im Zweifel wird angenommen, daß ein eingetretener Schaden durch Kriegsgefahr nicht verursacht sei.

Eine Vereinbarung der im Abs. 1 bezeichneten Art wird namentlich angenommen, wenn der Vertrag mit der Klausel: „nur für Seegefahr" abgeschlossen ist.

§ 129q.

Ist der Vertrag mit der Klausel: „für behaltene Ankunft" abgeschlossen, so endet die Gefahr für den Versicherer schon mit dem Zeitpunkte, in welchem das Schiff im Bestimmungshafen am gebräuchlichen oder gehörigen Platze den Anker hat fallen lassen oder befestigt ist.

Auch haftet der Versicherer nur:

1. bei der auf das Schiff sich beziehenden Versicherung, wenn entweder ein Totalverlust eintritt oder wenn das Schiff abandonniert (§ 137h) oder infolge eines Unfalles vor der Erreichung des Bestimmungshafens wegen Reparaturunfähigkeit oder wegen Reparaturunwürdigkeit verkauft wird (§ 137t);
2. bei der auf Güter sich beziehenden Versicherung; wenn die Güter oder ein Teil der Güter infolge eines Unfalles den Bestimmungshafen nicht erreichen, insbesondere wenn sie vor der Erreichung des

Bestimmungshafens infolge eines Unfalles verkauft werden. Erreichen die Güter den Bestimmungshafen, so haftet der Versicherer weder für eine Beschädigung noch für einen Verlust, der die Folge einer Beschädigung ist.

Ueberdies hat der Versicherer in keinem Falle die im § 58, § 60 und § 129b erwähnten Beiträge, Aufopferungen und Kosten zu tragen.

§ 129r.

Ist der Vertrag mit der Klausel: „frei von Beschädigung außer im Strandungsfall" abgeschlossen, so haftet der Versicherer nicht für einen Schaden, der aus einer Beschädigung entsteht, ohne Unterschied, ob der Schaden in einer Wertverringerung oder in einem gänzlichen oder teilweisen Verlust und insbesondere darin besteht, daß die versicherten Güter gänzlich verdorben und in ihrer ursprünglichen Beschaffenheit zerstört den Bestimmungshafen erreichen oder während der Reise wegen Beschädigung und drohenden Verderbs verkauft worden sind, es sei denn, daß das Schiff oder das Leichterfahrzeug, in welchem sich die versicherten Güter befanden, gestrandet ist. Der Strandung werden folgende Seeunfälle gleich geachtet: Kentern, Sinken, Zerbrechen des Rumpfes, Scheitern und jeder Seeunfall, durch den das Schiff oder das Leichterfahrzeug reparaturunfähig geworden ist.

Hat sich eine Strandung oder ein dieser gleich zu achtender anderer Seeunfall ereignet, so haftet der Versicherer für jede drei Prozent (§ 129l) übersteigende Beschädigung, die infolge eines solchen Seeunfalles entstanden ist, nicht aber für eine sonstige Beschädigung. Es wird vermutet, daß eine Beschädigung, die möglicherweise Folge des eingetretenen Seeunfalles sein kann, infolge des Unfalles entstanden sei.

Für jeden Schaden, der nicht aus einer Beschädigung entsteht, haftet der Versicherer, ohne Unterschied, ob sich eine Strandung oder ein anderer der erwähnten Unfälle zugetragen hat oder nicht, in derselben Weise, als wenn der Vertrag ohne die Klausel abgeschlossen wäre. Jedenfalls haftet er für die im § 129b unter Nr. 1 und 2 und in § 60 erwähnten Beiträge, Aufopferungen und Kosten, für die im § 58 erwähnten Kosten aber nur dann, wenn sie zur Abwendung eines ihm zur Last fallenden Verlustes verausgabt worden sind.

Eine Beschädigung, die ohne Selbstentzündung durch Feuer oder durch Löschung eines solchen Feuers oder durch Beschießen entstanden ist, wird als eine solche Beschädigung, von welcher der Versicherer durch die Klausel befreit wird, nicht angesehen.

§ 129s.

Wenn der Vertrag mit der Klausel: „frei von Bruch außer im Strandungsfall" abgeschlossen ist, so finden die Vorschriften des § 129r mit der Maßgabe Anwendung, daß der Versicherer für Bruch insoweit haftet, als er nach § 129r für Beschädigung aufzukommen hat.

§ 129t.

Eine Strandung im Sinne der §§ 129r und 129s ist vorhanden,

wenn das Schiff unter nicht gewöhnlichen Verhältnissen der Seeschiffahrt auf den Grund festgerät und nicht wieder flott wird oder zwar wieder flott wird, jedoch entweder

1. nur unter Anwendung ungewöhnlicher Maßregeln, wie Kappen der Masten, Werfen oder Löschung eines Teiles der Ladung und dergleichen, oder durch den Eintritt einer ungewöhnlich hohen Flut, nicht aber ausschließlich durch Anwendung gewöhnlicher Maßregeln, wie Winden auf den Anker, Backstellen der Segel und dergleichen oder
2. erst nachdem das Schiff durch das Festgeraten einen erheblichen Schaden am Schiffskörper erlitten hat.

Versicherungswert.

§ 130.

Als Versicherungswert der Güter gilt der gemeine Handelswert und in dessen Ermangelung der gemeine Wert, den die Güter am Orte der Absendung in dem Zeitpunkte haben, welcher nach den §§ 124 bis 126 für den Beginn der Versicherung maßgebend ist, unter Hinzurechnung der Versicherungskosten sowie derjenigen Kosten, welche bis zur Annahme der Güter durch den Frachtführer entstehen.

Der sich nach Abs. 1 ergebende Wert der Güter gilt auch bei dem Eintritt des Versicherungsfalles als Versicherungswert.

§ 131.

Als Versicherungswert des Schiffes gilt der Wert, den das Schiff mit Zubehör in dem Zeitpunkte hat, in welchem die Versicherung beginnt. Dieser Wert gilt auch bei dem Eintritt des Versicherungsfalles als Versicherungswert.

§ 131a.

Die Ausrüstungskosten, die Heuer und die Versicherungskosten können zugleich mit dem Schiffe oder besonders versichert werden, soweit sie nicht bereits durch die Versicherung der Bruttofracht versichert sind. Sie gelten nur dann als mit dem Schiffe versichert, wenn es vereinbart ist.

§ 131b.

Die Fracht kann bis zu ihrem Bruttobetrage versichert werden, soweit sie nicht bereits durch die Versicherung der Ausrüstungskosten, der Heuer und der Versicherungskosten versichert ist.

Als Versicherungswert der Fracht gilt der Betrag der in den Frachtverträgen bedungenen Fracht und, wenn eine bestimmte Fracht nicht bedungen ist oder soweit Güter für Rechnung des Reeders verschifft sind, der Betrag der üblichen Fracht (§ 619 des Handelsgesetzbuchs).

§ 131c.

Ist bei der Versicherung der Fracht nicht bestimmt, ob sie ganz oder ob nur ein Teil versichert werden soll, so gilt die ganze Fracht als versichert.

Ist nicht bestimmt, ob die Brutto- oder die Nettofracht versichert werden soll, so gilt die Bruttofracht als versichert.

Sind die Fracht der Hinreise und die Fracht der Rückreise unter einer Versicherungssumme versichert, ohne daß bestimmt ist, welcher Teil der Versicherungssumme auf die Fracht der Hinreise fallen soll, so wird die Hälfte auf die Fracht der Hinreise, die Hälfte auf die Fracht der Rückreise gerechnet.

Ist vereinbart, daß die Nettofracht versichert sein solle, so gelten als solche in Ermangelung einer anderen Verabredung zwei Dritteile der Bruttofracht.

§ 131 d.

Bei der Versicherung von Gütern ist der imaginäre Gewinn oder die Provision, auch wenn der Versicherungswert der Güter taxiert ist, als mitversichert nur anzusehen, sofern es im Vertrage bestimmt ist.

Ist im Falle der Mitversicherung des imaginären Gewinns der Versicherungswert taxiert, aber nicht bestimmt, welcher Teil der Taxe sich auf den imaginären Gewinn beziehen soll, so wird angenommen, daß zehn Prozent der Taxe auf den imaginären Gewinn fallen. Wenn im Falle der Mitversicherung des imaginären Gewinns der Versicherungswert nicht taxiert ist, so werden als imaginärer Gewinn zehn Prozent des Versicherungswertes der Güter (§ 130) als versichert betrachtet.

Die Vorschriften des Abs. 2 kommen auch im Falle der Mitversicherung der Provision mit der Maßgabe zur Anwendung, daß an die Stelle der zehn Prozent zwei Prozent treten.

§ 131 e.

Ist der imaginäre Gewinn oder die Provision selbständig versichert, der Versicherungswert jedoch nicht taxiert, so wird im Zweifel angenommen, daß die Versicherungssumme zugleich als Taxe des Versicherungswertes gelten soll.

§ 131 f.

Die Bodmereigelder können einschließlich der Bodmereiprämie für den Bodmereigläubiger versichert werden.

Ist bei der Versicherung von Bodmereigeldern nicht angegeben, welche Gegenstände verbodmet sind, so wird angenommen, daß Bodmereigelder auf Schiff, Fracht und Ladung versichert sind. Hierauf kann sich, wenn in Wirklichkeit nicht alle diese Gegenstände verbodmet sind, nur der Versicherer berufen.

§§ 132—137

zu streichen.

Der Schaden.

A. Totalverlust.

§ 137 a.

Ein Totalverlust des Schiffes oder der Güter liegt vor, wenn das Schiff oder die Güter zugrunde gegangen oder dem Versicherten ohne

Aussicht auf Wiedererlangung entzogen sind, namentlich wenn sie unrettbar gesunken oder in ihrer ursprünglichen Beschaffenheit zerstört oder für gute Prise erklärt sind. Ein Totalverlust des Schiffes wird dadurch nicht ausgeschlossen, daß einzelne Teile des Wracks oder des Inventars gerettet sind.

§ 137 b.

Ein Totalverlust in Ansehung der Fracht liegt vor, wenn die ganze Fracht verloren gegangen ist.

§ 137 c.

Ein Totalverlust in Ansehung des imaginären Gewinns oder in Ansehung der Provision, welche von der Ankunft der Güter am Bestimmungsort erwartet werden, liegt vor, wenn die Güter den Bestimmungsort nicht erreicht haben.

§ 137 d.

Ein Totalverlust in Ansehung der Bodmerei- und Havereigelder liegt vor, wenn die Gegenstände, welche verbodmet oder für welche die Havereigelder vorgeschossen oder verausgabt sind, entweder von einem Totalverlust oder dergestalt von anderen Unfällen betroffen sind, daß infolge der dadurch herbeigeführten Beschädigungen, Verbodmungen oder sonstigen Belastungen zur Deckung jener Gelder nichts übrig geblieben ist.

§ 137 e.

Im Falle des Totalverlustes hat der Versicherer die Versicherungssumme zum vollen Betrage zu zahlen.

§ 137 f.

Ist im Falle des Totalverlustes vor der Zahlung der Versicherungssumme etwas gerettet, so kommt der Erlös des Geretteten von der Versicherungssumme in Abzug. Die Bestimmung des § 56 Abs. 2 findet Anwendung.

§ 137 g.

Sind bei einem Totalverluste in Ansehung des imaginären Gewinns (§ 137 c) die Güter während der Reise so günstig verkauft, daß der Reinerlös mehr beträgt als der Versicherungswert der Güter, oder ist für die Güter, wenn sie in Fällen der großen Haverei aufgeopfert worden sind oder wenn dafür nach Maßgabe der §§ 611, 612 des Handelsgesetzbuchs Ersatz geleistet werden muß, mehr als jener Wert vergütet, so kommt von der Versicherungssumme des imaginären Gewinns der Ueberschuß in Abzug.

§ 137 h.

Der Versicherte ist befugt, die Zahlung der Versicherungssumme zum vollen Betrage gegen Abtretung der in Ansehung des versicherten Gegenstandes ihm zustehenden Rechte (Abandon) zu verlangen, wenn der Totalverlust des versicherten Gegenstandes entweder unvermeidlich erscheint, oder nur durch Aufwendung von Kosten vermieden werden kann, welche den Wert des versicherten Gegenstandes nach ihrer Aufwendung übersteigen, insbesondere auch:

1. wenn das Schiff verschollen ist;
2. wenn der Gegenstand der Versicherung dadurch bedroht ist, daß das Schiff oder die Güter unter Embargo gelegt, von einer kriegführenden Macht aufgebracht, auf andere Weise durch Verfügung von hoher Hand angehalten oder durch Seeräuber genommen und während einer Frist von sechs, neun oder zwölf Monaten nicht freigegeben sind, je nachdem die Aufbringung, Anhaltung oder Nehmung geschehen ist:
   a) in einem europäischen Hafen oder in einem europäischen Meere einschließlich aller Häfen oder Teile des Mittelländischen, Schwarzen und Asowschen Meeres oder
   b) in einem anderen Gewässer, jedoch diesseits des Vorgebirges der guten Hoffnung und des Kap Horn oder
   c) in einem Gewässer jenseits des einen jener Vorgebirge.

Die Fristen werden von dem Tage an berechnet, an welchem dem Versicherer der Unfall durch den Versicherten angezeigt wird (§ 37).

§ 137i.

Ein Schiff, welches eine Reise angetreten hat, ist als verschollen anzusehen, wenn es innerhalb der Verschollenheitsfrist den Bestimmungshafen nicht erreicht hat, auch innerhalb dieser Frist den Beteiligten keine Nachrichten über das Schiff zugegangen sind.

Die Verschollenheitsfrist beträgt:

1. wenn sowohl der Abgangshafen als der Bestimmungshafen ein europäischer Hafen ist, bei Segelschiffen sechs, bei Dampfschiffen vier Monate;
2. wenn entweder nur der Abgangshafen oder nur der Bestimmungshafen ein außereuropäischer Hafen ist, falls er diesseits des Vorgebirges der guten Hoffnung und des Kap Horn belegen ist, bei Segel- und Dampfschiffen neun Monate, falls er jenseits des einen jener Vorgebirge belegen ist, bei Segel- und Dampfschiffen zwölf Monate;
3. wenn sowohl der Abgangs- als der Bestimmungshafen ein außereuropäischer Hafen ist, bei Segel- und Dampfschiffen sechs, neun oder zwölf Monate, je nachdem die Durchschnittsdauer der Reise nicht über zwei oder nicht über drei oder mehr als drei Monate beträgt.

Im Zweifel ist die längere Frist abzuwarten.

§ 137j.

Die Verschollenheitsfrist wird von dem Tage an berechnet, an welchem das Schiff die Reise angetreten hat. Sind jedoch seit dessen Abgange Nachrichten von ihm angelangt, so wird von dem Tage an, bis zu welchem die letzte Nachricht reicht, diejenige Frist berechnet, welche maßgebend sein würde, wenn das Schiff von dem Punkte, an welchem es sich nach sicherer Nachricht zuletzt befunden hat, abgegangen wäre.

§ 137k.

Die Abandonerklärung muß dem Versicherer innerhalb der Abandonfrist zugegangen sein.

Die Abandonfrist beträgt sechs Monate, wenn im Falle der Verschollenheit (§ 137h Abs. 1 Nr. 1) der Bestimmungshafen ein europäischer Hafen ist, und wenn im Falle der Aufbringung, Anhaltung oder Nehmung (§ 137h Abs. 1 Nr. 2) oder in allen sonstigen Fällen der Unfall sich in einem europäischen Hafen oder in einem europäischen Meere einschließlich aller Häfen oder Teile des Mittelländischen, Schwarzen oder Asowschen Meeres zugetragen hat. In den übrigen Fällen beträgt die Abandonfrist neun Monate. Die Abandonfrist beginnt in den in § 137h Abs. 1 Nr. 1 und 2 bezeichneten Fällen erst mit dem Ablaufe der in den §§ 137h und 137i bezeichneten Fristen.

Bei der Rückversicherung beginnt die Abandonfrist mit dem Ablaufe des Tages, an welchem dem Rückversicherten von dem Versicherten der Abandon erklärt worden ist.

§ 137l.

Nach dem Ablaufe der Abandonfrist ist der Abandon unstatthaft, unbeschadet des Rechtes des Versicherten, nach Maßgabe der sonstigen Grundsätze Vergütung eines Schadens in Anspruch zu nehmen.

Ist im Falle der Verschollenheit des Schiffes die Abandonfrist versäumt, so kann der Versicherte zwar den Ersatz eines Totalschadens fordern; er hat jedoch, wenn die versicherte Sache wieder zum Vorschein kommt und sich dabei ergibt, daß ein Totalschaden nicht vorliegt, auf Verlangen des Versicherers gegen Verzicht des letzteren auf die infolge der Zahlung der Versicherungssumme nach § 61 Abs. 7 ihm zustehenden Rechte die Versicherungssumme zu erstatten und sich mit dem Ersatz eines etwa erlittenen teilweisen Schadens zu begnügen.

§ 137m.

Die Abandonerklärung muß, um gültig zu sein, ohne Vorbehalt oder Bedingung erfolgen und sich auf den ganzen versicherten Gegenstand erstrecken, soweit dieser zur Zeit des Unfalles den Gefahren der See ausgesetzt war.

Wenn jedoch nicht zum vollen Werte versichert war, so ist der Versicherte nur den verhältnismäßigen Teil des versicherten Gegenstandes zu abandonnieren verpflichtet.

Die Abandonerklärung ist unwiderruflich.

§ 137n.

Die Abandonerklärung ist ohne rechtliche Wirkung, wenn die Tatsachen, auf welche sie gestützt wird, sich nicht bestätigen oder zur Zeit der Mitteilung der Erklärung nicht mehr bestehen. Dagegen bleibt sie für beide Teile verbindlich, auch wenn sich später Umstände ereignen, deren früherer Eintritt das Recht zum Abandon ausgeschlossen haben würde.

§ 137o.

Durch Abandonerklärung gehen auf den Versicherer alle Rechte über, die dem Versicherten in Ansehung des abandonnierten Gegenstandes zustanden.

Der Versicherte hat dem Versicherer Gewähr zu leisten wegen der auf dem abandonnierten Gegenstande zur Zeit der Abandonerklärung haftenden dinglichen Rechte, es sei denn, daß sich diese auf Gefahren gründen, für die der Versicherer nach dem Versicherungsvertrage aufzukommen hat.

Wird das Schiff abandonniert, so gebührt dem Versicherer des Schiffes die Nettofracht der Reise, auf welcher sich der Unfall zugetragen hat, soweit die Fracht erst nach der Abandonerklärung verdient ist. Dieser Teil der Fracht wird nach den für die Ermittelung der Distanzfracht geltenden Vorschriften berechnet.

Den hiernach für den Versicherten entstehenden Verlust hat, wenn die Fracht selbständig versichert ist, der Versicherer der Fracht zu tragen.

§ 137p.

Die Zahlung der Versicherungssumme kann erst verlangt werden, nachdem die zur Rechtfertigung des Abandons dienenden Urkunden dem Versicherer mitgeteilt sind und eine angemessene Frist zu deren Prüfung abgelaufen ist. Wird wegen Verschollenheit des Schiffes abandonniert, so gehören zu den mitzuteilenden Urkunden glaubhafte Bescheinigungen über die Zeit, in welcher das Schiff den Abgangshafen verlassen hat, und über die Nichtankunft des Schiffes im Bestimmungshafen während der Verschollenheitsfrist.

Der Versicherte ist verpflichtet, bei der Abandonerklärung, soweit er dazu imstande ist, dem Versicherer anzuzeigen, ob und welche andere den abandonnierten Gegenstand betreffende Versicherungen genommen sind, sowie ob und welche Bodmereischulden oder sonstige Belastungen darauf haften. Ist die Anzeige unterblieben, so kann der Versicherer die Zahlung der Versicherungssumme so lange verweigern, bis die Anzeige nachträglich geschehen ist; wenn eine Zahlungsfrist bedungen ist, so beginnt diese erst mit dem Zeitpunkte, in welchem die Anzeige nachgeholt wird.

§ 137q.

Der Versicherte ist verpflichtet, auch nach der Abandonerklärung für die Rettung der versicherten Sachen und für die Abwendung größerer Nachteile nach § 56, und zwar so lange zu sorgen, bis der Versicherer selbst dazu imstande ist.

Erfährt der Versicherte, daß ein für verloren erachteter Gegenstand wieder zum Vorschein gekommen ist, so muß er dies dem Versicherer sofort anzeigen und ihm auf Verlangen die zur Erlangung oder Verwertung des Gegenstandes erforderliche Hilfe leisten.

Die Kosten hat der Versicherer zu ersetzen; auch hat er den Versicherten auf Verlangen mit einem angemessenen Vorschusse zu versehen.

§ 137r.

Der Versicherte muß dem Versicherer, wenn dieser die Rechtmäßigkeit des Abandons anerkennt, auf dessen Verlangen und auf dessen Kosten über den nach § 137o durch die Abandonerklärung eingetretenen Uebergang der Rechte eine öffentlich beglaubigte Anerkennungsurkunde (Abandonrevers) erteilten und die auf die abandonnierten Gegenstände sich beziehenden Urkunden ausliefern.

B. Teilschaden.

§ 137s.

Bei einer Beschädigung des Schiffes gelten, falls das Schiff ausbesserungsfähig ist, die nach den §§ 709 und 710 des Handelsgesetzbuches zu berechnenden Ausbesserungskosten als Betrag des Schadens.

§ 137t.

Ist die Reparaturunfähigkeit oder Reparaturunwürdigkeit des Schiffes (§ 479 des Handelsgesetzbuches) auf dem im § 530 des Handelsgesetzbuches vorgeschriebenen Wege festgestellt (Kondemnation), so ist der Versicherte dem Versicherer gegenüber befugt, das Schiff oder das Wrack zum öffentlichen Verkaufe zu bringen; im Falle des Verkaufes besteht der Schaden in dem Unterschiede zwischen dem Reinerlös und dem Versicherungswerte.

Die übernommene Gefahr endet für den Versicherer erst mit dem Verkaufe des Schiffes oder des Wracks; auch haftet der Versicherer für den Eingang des Kaufpreises.

Bei der zur Ermittelung der Reparaturunwürdigkeit erforderlichen Feststellung des Wertes des Schiffes im unbeschädigten Zustande bleibt dessen Versicherungswert, gleichviel ob er taxiert ist oder nicht, außer Betracht.

Bei der Ermittelung der Reparaturunwürdigkeit des Schiffes sind den Reparaturkosten etwaige Berge- und Hilfslöhne, sowie sonstige Kosten der Hinschaffung zum Reparaturhafen zuzurechnen, auch wenn sie bereits bezahlt sind.

§ 137u.

Der Beginn der Ausbesserung schließt die Ausübung des im § 137t dem Versicherten eingeräumten Rechtes nicht aus, wenn erst später erhebliche Schäden entdeckt werden, die dem Versicherten ohne sein Verschulden unbekannt geblieben waren.

Macht der Versicherte von dem Rechte nachträglich Gebrauch, so muß der Versicherer die bereits aufgewendeten Ausbesserungskosten insoweit besonders vergüten, als durch die Ausbesserung bei dem Verkaufe des Schiffes ein höherer Erlös erzielt worden ist.

§ 137v.

Haben die Güter eine Beschädigung erlitten, so ist bei der Berechnung des Schadens festzustellen, in welchem Verhältnisse der Handelswert oder gemeine Wert, den die Güter im unbeschädigten Zustande am Ablieferungsorte haben würden, zu dem Werte steht, den sie dort im beschädigten Zustande haben; ein diesem Verhältnis entsprechender Bruchteil des Versicherungswertes gilt als Betrag des Schadens.

Die Ermittelung des Wertes, welchen die Güter im beschädigten

Zustande haben, erfolgt durch öffentlichen Verkauf oder, wenn der Versicherer einwilligt, durch Abschätzung. Der Wert, welchen die Güter im unbeschädigten Zustande haben würden, bestimmt sich nach § 611 Abs. 1 des Handelsgesetzbuches.

Der Versicherer hat außerdem die Besichtigungs-, Abschätzungs- und Verkaufskosten zu tragen.

Geht ein Teil der Güter auf der Reise verloren, so besteht der Schaden in ebenso vielen Prozenten des Versicherungswertes, als Prozente des Wertes der Güter verloren gegangen sind.

§ 137w.

Sind Güter auf der Reise infolge eines Unfalles verkauft worden, so besteht der Schaden in dem Unterschiede zwischen dem nach Abzug der Fracht, der Zölle und Verkaufskosten sich ergebenden Reinerlöse der Güter und deren Versicherungswerte.

Die übernommene Gefahr endet für den Versicherer erst mit dem Verkaufe der Güter; auch haftet der Versicherer für den Eingang des Kaufpreises.

Die Vorschriften der §§ 58, 60, 129b—f bleiben unberührt.

§ 137x.

Bei einem teilweisen Verluste der Fracht besteht der Schaden in demjenigen Teile der bedungenen oder in deren Ermangelung der üblichen Fracht, welcher verloren gegangen ist.

Ist die Fracht taxiert und die Taxe nach § 52 Abs. 3 in bezug auf einen von dem Versicherer zu ersetzenden Schaden maßgebend, so besteht der Schaden in eben so vielen Prozenten der Taxe, als Prozente der bedungenen oder üblichen Fracht verloren sind.

§ 137y.

Bei einem imaginären Gewinn oder einer Provision, die von der Ankunft der Güter erwartet werden, besteht der Schaden, wenn die Güter in beschädigtem Zustande ankommen, in eben so vielen Prozenten des als Gewinn oder Provision versicherten Betrages, als der nach § 137v zu ermittelnde Schaden an den Gütern Prozente des Versicherungswertes der letzteren beträgt.

Erreicht ein Teil der Güter den Bestimmungshafen nicht, so besteht der Schaden in eben so vielen Prozenten des als Gewinn oder Provision versicherten Betrages, als der Wert des in dem Bestimmungshafen nicht angelangten Teiles der Güter Prozente des Wertes aller Güter beträgt.

Sind bei der Versicherung des imaginären Gewinnes in Ansehung des nicht angelangten Teiles der Güter die Voraussetzungen des § 137g vorhanden, so kommt von dem Schaden der im § 137g bezeichnete Ueberschuß in Abzug.

§ 137z.

Bei Bodmerei- oder Havereigeldern besteht im Falle eines teilweisen Verlustes der Schaden in dem Ausfalle, welcher sich darauf gründet, daß der Gegenstand, der verbodmet oder für den die Havereigelder vorgeschossen oder verausgabt sind, zur Deckung der Bodmerei- oder Havereigelder infolge späterer Unfälle nicht mehr genügt.

Schlußvorschriften.

§ 176a.

Die Heuerforderung des Kapitäns oder Schiffers, der Schiffsoffiziere und der Schiffsmannschaft kann nicht versichert werden.

§ 176b.

Unter Fracht sind, soweit nicht ein anderes bestimmt ist, auch die Ueberfahrtsgelder und bei Schleppschiffen das Schlepplohn zu verstehen.

§ 177.

Bei der Rückversicherung können alle Vorschriften dieses Gesetzes durch Vereinbarung abgeändert werden.

§ 177a.

Die Versicherung der Haftpflicht des Reeders oder des Schiffseigners für das Verschulden einer Person der Schiffsbesatzung (§§ 485, 486 des Handelsgesetzbuches, §§ 3, 4 des Binnenschiffahrtsgesetzes) fällt unter dieses Gesetz, wenn nicht ausdrücklich vereinbart ist, daß sie unter das Gesetz über den Versicherungsvertrag vom . . . . fallen soll.

§§ 178—183

zu streichen.

§ 184.

In bürgerlichen Rechtsstreitigkeiten, in welchen durch Klage oder Widerklage ein Anspruch auf Grund dieses Gesetzes geltend gemacht ist, wird die Verhandlung und Entscheidung letzter Instanz im Sinne des § 8 des Einführungsgesetzes zum Gerichtsverfassungsgesetze dem Reichsgerichte zugewiesen.

Begründung.

Abgekürzte Bezeichnungen:

Danziger Anträge: Vorsteheramt der Kaufmannschaft, Danzig: Anträge zu dem Entwurf eines Gesetzes, betreffend die Abänderung der Vorschriften des Handelsgesetzbuches über die Seeversicherung nebst Begründung. 4. Dezember 1908.

Denkschrift: Internationaler Transportversicherungsverband, Berlin NW., Reichstagsufer 16: Denkschrift zum Entwurf eines deutschen Gesetzes über den Versicherungsvertrag. Im Januar 1904.

Erwiderung: Internationaler Transportversicherungsverband, Berlin NW., Reichstagsufer 16: An den Deutschen Handelstag, Berlin. Betrifft die von dem Vorsteheramt der Kaufmannschaft, Danzig gestellten Anträge usw. Ende Februar 1904.

Bemerkungen: Vorsteheramt der Kaufmannschaft, Danzig: Bemerkungen zu der Erwiderung des Internationalen Transportversicherungsverbandes usw. Den 5. März 1904.

Allgemeine Grundsätze.

Der Entwurf eines Gesetzes über den Versicherungsvertrag bestimmt in § 177, daß alle Vorschriften, welche die Vertragsfreiheit beschränken, für die Transportversicherung außer Anwendung bleiben sollen. Hiermit sind die Versicherer naturgemäß ganz einverstanden; aber die Versicherten werden von dieser Regel immerhin einige, wenn auch nicht viele Ausnahmen wünschen müssen. Es ist freilich zutreffend, daß die Versicherten der Transportversicherung eines wesentlich geringeren gesetzlichen Schutzes bedürfen, als die Versicherten in den meisten anderen Versicherungszweigen. Denn sie sind in der überwiegenden Mehrzahl der Fälle Kaufleute, die ihr Interesse wohl wahrnehmen können, wenn auch die Bemerkung des Internationalen Transportversicherungsverbandes auf Seite 1 seiner Denkschrift, daß sie nicht die wirtschaftlich Schwächeren seien, durchaus unrichtig ist. Denn auch in dieser Versicherung stehen die überall hin verstreuten Versicherten den in starken Verbänden organisierten und großenteils an wenigen Märkten konzentrierten Versicherern gegenüber, und die einzelnen Handelsvertretungen können dagegen kein Gegengewicht bilden, zumal gerade in den größten die Versicherer vertreten sind und durch ihre ausgedehntere Sachkunde in Versicherungssachen einen bestimmenden Einfluß ausüben. Wenn aber anzuerkennen ist, daß das Gesetz hier die Versicherten mit anderen Augen anzusehen hat, als in den anderen Versicherungszweigen, so folgt daraus noch nicht, daß jede zwingende Bestimmung überflüssig ist. Vielmehr wird es richtig sein, einige Grundsätze auch in der Transportversicherung zwingend zu gestalten und zwar, um sie den von den Versicherern nach Erlaß des Gesetzes voraussichtlich aufzustellenden neuen Allgemeinen Versicherungsbedingungen gegenüber als absolut maßgebende Auslegungsregeln zu sichern. Es darf in diesem Zusammenhange nicht übersehen werden, daß die Transportversicherung dem Aufsichtsgesetze entzogen ist, und daß ihr daher jedes Korrektiv fehlt, falls die Versicherer eine große Anzahl dispositiver Bestimmungen des neuen Gesetzes in der gleichen Weise mißachten, wie dies in der Seeversicherung bei zahlreichen Bestimmungen des Handelsgesetzbuches durch Abänderung in den Allgemeinen Versicherungsbedingungen von 1867 der Fall ist.

Der Entwurf geht — und auch darin stimmen ihm die Transportversicherer bei — von dem Gedanken aus, die Seeversicherungsparagraphen des Handelsgesetzbuches hätten sich durchaus bewährt (Seite 53 der Motive, Seite 2 oben der Denkschrift). Dies ist allerdings unserer Ansicht nach durchaus unzutreffend. Die Art der Entwickelung des deutschen Seeversicherungsrechtes brachte es mit sich, daß es von Schritt zu Schritt zugunsten der Versicherer und zuungunsten der Versicherten umgebildet wurde. Vor zweihundert Jahren konnten die Gebräuche der einzelnen Handelszweige verhältnismäßig einfach sein, und weil sie deshalb bei der Gesamtheit der Kaufleute volles Verständnis fanden, wurde Recht und Billigkeit nach beiden Seiten gleichmäßig beobachtet. So bietet auch das im Allgemeinen Landrecht und in der Hamburgischen Assekuranz- und Havereyordnung von 1731 vorliegende alte Versicherungsrecht eine ganz merkwürdige Uebereinstimmung mit dem englischen Rechte; es enthält noch keine jener den Versicherten gegenüber ungerechten Bestimmungen, welche heute das deutsche Seeversicherungsrecht so unvorteilhaft von dem englischen unterscheiden. Während nun in England die Entwickelung des Versicherungsrechtes dieselbe war, wie die der meisten anderen Teile des Handelsrechtes, indem nämlich ohne Kodifikation der Bestimmungen das Geschäft sich stets des alten Vertragsformulars bediente, unter Hinzufügung neuer Klauseln je nach Bedürfnis, aber unter strenger Bewahrung der alten Rechtsgrundsätze durch die Richter, fanden in Deutschland eine Reihe von Kodifikationen des Seeversicherungsrechtes statt; und je komplizierter und für die Allgemeinheit der Kaufleute schwieriger verständlich das Seeversicherungsrecht wurde, um so mehr verstanden es die Sachverständigsten unter den beteiligen Geschäftsleuten, nämlich die Versicherer selbst, bei jeder Kodifikation neue Bestimmungen zu ihren Gunsten durchzudrücken. Den wichtigsten Schritt haben sie in dieser Beziehung auf der Konferenz der Kommission zur Beratung eines allgemeinen deutschen Handelsgesetzbuches (der sogenannten Hamburger Seerechtskonferenz) getan; bei dieser gelang es ihnen nicht nur eine Reihe von Vorschriften zu entfernen, welche für den Versicherten höchst wertvoll waren (wie z. B. das wichtige Abandonrecht in seiner früheren Allgemeinheit), sondern es wurden auch einige Bestimmungen eingeführt, welche, selbst wenn kein Verschulden des Versicherten vorliegt, die Versicherung null und nichtig machen. Und es kann den Versicherern der Vorwurf nicht erspart bleiben, daß sie auch seit jener Zeit stets bemüht gewesen sind, durch geschickte Auslegungen diese letzteren Fälle zu erweitern und zu vermehren.

Es wird daher auch aus diesem Grunde richtig sein, der Regelung der Transportversicherung nicht das Handelsgesetzbuch zugrunde zu legen, sondern den Entwurf, und dasjenige einzufügen, was von den handelsgesetzlichen Vorschriften für die Transportversicherung außerdem nötig ist, und was besser erscheint, als die entsprechenden Bestimmungen des Entwurfes; es wird sich dabei hauptsächlich um die dem Versicherten gegenüber schärfere Fassung der §§ 8 und 9 des Entwurfes, um eine ebenfalls schärfere Fassung der Anzeigepflicht und um die Vervollständigung der Sonderbestimmungen durch Aufnahme zahlreicher Vorschriften des Handelsgesetzbuches und einiger der Allgemeinen Seeversicherungsbedingungen handeln. Denn das Ziel muß sein, die Aufstellung allgemeiner Versicherungsbedingungen überhaupt überflüssig zu machen, so daß bei jedem Vertrage nur die für den besonderen Fall erforderlichen Bedingungen besonders vereinbart werden.

Endlich erscheint für die Transportversicherung noch eine Regelung derjenigen Fälle erforderlich, in denen der Vertrag auf die Haftpflichtversicherung übergreift. Hierauf wird bei den einzelnen Paragraphen zurückzukommen sein.

Allgemeine Vorschriften.

§ 1.

Der erste Satz des Gesetzentwurfes bedarf einer Einschränkung. Es ist nicht richtig, daß der Versicherer den ganzen Vermögensschaden zu ersetzen hat; vielmehr bestimmt das Gesetz selbst, in welchem Umfange dies zu geschehen hat; und auch der Vertrag kann weitere Einschränkungen enthalten, was er auch in der Regel tut. Dies muß in diesem Paragraphen zum Ausdruck kommen.

Die Bestimmung des zweiten Absatzes, daß der Versicherte die Prämie zu zahlen hat, entspricht weder den Vorschriften des Handelsgesetzbuches, noch der bisherigen Uebung bei der Transportversicherung. Für diese ist vielmehr die Beibehaltung der Verpflichtung des Versicherungsnehmers zur Prämienzahlung durchaus erforderlich.

Die Motive (Seite 56 unten) sagen: Als Versicherten bezeichnet der Entwurf diejenige Person, welcher die Rechte gegen den Versicherer zustehen. Diesen umfassenden Sinn hat die Seeversicherung und die sonstige Transportversicherung dem Worte nicht beigelegt. Sie haben grundsätzlich dem, der die Versicherung nimmt, als solchem, diese Rechte gegeben; dagegen haben sie den jeweiligen Inhaber, das Subjekt des versicherten Interesses, als „den Versicherten" bezeichnet. Dies muß für die Transportversichernug beibehalten werden, was ja auch die Denkschrift der Transportversicherer fordert. Die Umkehrung des Satzes am Anfange des § 75 hat natürlich einen viel engeren Sinn und ist als dispositive Bestimmung, von der an vielen Stellen Ausnahmen festgesetzt werden, annehmbar.

§ 2.

Die in der Denkschrift der Transportversicherer gegen den Absatz 3 dieses Paragraphen erhobenen Bedenken scheinen gerechtfertigt zu sein.

Die Denkschrift übersieht aber noch, daß der dritte Absatz nicht nur von einem Vertreter des Versicherten, sondern auch des Versicherers handelt; und für diesen letzteren Fall erscheint der letzte Satz des Absatzes 3 doch überhaupt nicht geeignet. Es empfiehlt sich daher, den letzten Satz hier zu streichen und dem § 78 als Absatz 2 in entsprechender Fassung anzufügen.

Der von Herrn Justizrat Boyens vorgeschlagene und in der Denkschrift empfohlene Zusatz ist überflüssig, da nach der angeführten Entscheidung des Reichsgerichts die geforderte Rechtslage bereits vorhanden ist.

§ 3.

Die Aenderung, welche dieser Paragraph gegenüber dem § 830 des Handelsgesetzbuches bringt, ist nicht erheblich, aber vielleicht praktisch. Aber der zweite Absatz des § 830 des Handelsgesetzbuches muß auch aufgenommen werden, und zwar in allgemeinerer Form, da es auch möglich ist, auf ein Interesse Zeitversicherung zu nehmen, welches zu Lande transportiert wird; man denke z. B. an das versicherbare Interesse, welches die Gläubiger einer Eisenbahn-Speisewagen-Gesellschaft an den Wagen und ihrer Ausrüstung haben.

§ 4.

Die Bedenken, welche die „Denkschrift“ gegen die Fassung des ersten Absatzes betreffs Zulässigkeit der Unterzeichnung durch einen Abschlußagenten erhebt, erscheinen berechtigt. Allerdings lauten sowohl § 784 des Handelsgesetzbuches als auch § 7 der Allgemeinen Seeversicherungsbedingungen ebenso, ohne daß sich in dieser Hinsicht Schwierigkeiten ergeben hätten. Aber es empfiehlt sich immerhin ein Zusatz, freilich nicht hier, sondern bei § 42.

Auch über die Kosten der ersten Versicherungsurkunde enthält das jetzt geltende Recht keine Bestimmung. Da aber § 4 in der Fassung des Entwurfs diese Kosten zweifellos, im Gegensatz mit der jetzigen Uebung, dem Versicherer auferlegen würde, ist es nötig, das Gegenteil ausdrücklich zu bestimmen.

§ 5.

Die Denkschrift verlangt an dieser Stelle eine Regelung der alternativen Inhaberpolicen und der Orderpolicen. Das letztere scheint sich ohne weiteres zu empfehlen, ob aber dann noch das erstere notwendig sein wird, ist eine Frage, die noch genauerer Untersuchung bedürfte. Vermutlich wird sie verneint werden können, wenn es gelingt, in der Orderpolice ein dem Handelsbedürfnis genügendes Dokument zu schaffen, welches dabei doch dem Versicherer akzeptabel wäre.

§ 5a.

Die Orderpolice wird einen Kompromiß zwischen einem gewöhnlichen Versicherungsschein und einen handelsrechtlichen Orderpapier darstellen müssen. Einerseits muß der Versicherer gewisse Einreden behalten, welche sich in einer Verletzung der sachlichen Grundlagen des Vertrages gründen; andererseits wird mit Rücksicht auf den Inhaber, wenn das Papier nicht für ihn wertlos sein soll, die äußerste Beschränkung der Einreden zu fordern sein. Die Bestimmungen über die Orderpolice können sich daher an die §§ 363—365 des Handelsgesetzbuches halten.

Die Forderung der Transportversicherer, daß die versicherungsrechtlichen Einwendungen zulässig sein sollen, welche dem Versicherer nicht nur gegen den Besitzer, sondern auch gegen den Versicherten und gegen die früheren Indossanten zustehen, verträgt sich nicht mit der Natur und dem Zweck einer Orderpolice. Dagegen erscheint es berechtigt, daß auch bei der Orderpolice die Einwendungen wegen verletzter Anzeigepflicht und Gefahrveränderung bestehen bleiben, aber nur gegen den Versicherungsnehmer, bei der Versicherung für fremde Rechnung auch wegen einer durch den Versicherten verletzten Anzeigepflicht. (§ 14 in Verbindung mit § 78.) Die Fassung ist so gewählt, daß Gefahrveränderung nur eingewandt werden kann, wenn der Versicherte auch Versicherungsnehmer ist, also bei der Versicherung für eigene Rechnung.

Verweigert der Versicherer die Leistung aus einem Verschulden des Versicherungsnehmers, dann muß dem Inhaber ein Anspruch gegen diesen zustehen.

Auf die übrigen Einreden dürfte der Versicherer aber verzichten können, auch soweit sie sich gegen den Versicherungsnehmer beziehen. So z. B. wegen nicht bezahlter Prämie; er kann ja bedingen, daß diese gegen Aushändigung des Versicherungsscheines zu leisten ist.

Ebenso auf alle Einwendungen, welche sich gegen Zwischenindossaten richten; da dies meist Banken oder sonstige Zwischeneigentümer sein werden, ist kaum anzunehmen, daß sie häufig in die Lage kommen werden, über die Güter unter Vorstoß gegen den Versicherungsvertrag zu disponieren.

Uebrigens scheint es noch richtig, bei Orderpolicen den Erlaß des Nachweises des Interesses usw. auszuschließen. Dies ist für den Versicherer ein erheblicher Schutz, und auch im öffentlichen Interesse wünschenswert. Diese Vorschrift findet sich in § 38.

Aus Gründen öffentlichen Interesses wird man ferner für Kasko- und Frachtversicherungen Orderpolicen für unzulässig halten müssen; aber für andere Versicherungen, die sich auf das Schiff beziehen, wie auf Pfandrechte und dergleichen, haben sie keine Bedenken.

§ 6.

Dieser Paragraph bedarf zunächst einer Ergänzung in bezug auf den Inhalt des Versicherungsscheines. Denn bisher enthielt ein Seeversicherungsschein nicht etwa, wie ein Feuer- oder Haftpflichtversicherungsschein, die Bedingungen, welche für den durch ihn bekundeten Vertrag maßgebend sind, soweit nicht die gesetzlichen Bestimmungen gelten. Es ist vielmehr in Hamburg und in Bremen der Gebrauch beibehalten worden, nicht das Gesetz zugrunde zu legen und die abweichenden Bestimmungen in die Police zu schreiben, sondern die Policen gelten überhaupt nur auf Grund der „Allgemeinen Seeversicherungs-Bedingungen von 1867" in Hamburg und der „Versicherungsbedingungen der Bremischen Seeversicherungs-Gesellschaften von 1875" in Bremen. Da nun diese Versicherungsbedingungen den ganzen Stoff enthalten, den das Gesetz enthält, so ist damit tatsächlich in Deutschland der zehnte Abschnitt des Handelsgesetzbuches ein toter Buchstabe geblieben, und die gesetzlichen Vorschriften sind nur subsidiär zur Anwendung gelangt. Nun sagen die Motive über den Inhalt des Versicherungsscheines auf Seite 60 folgendes:

„Der Versicherungsschein . . . soll eine von dem Versicherer unterzeichnete Urkunde über den Versicherungsvertrag sein, hat also dessen Bestimmungen wiederzugeben . . . Der Besitz eines solchen Scheines ist, abgesehen von seiner Bedeutung als Beweismittel, namentlich deshalb für den Versicherten von Wert, weil dieser sich aus dem Scheine über seine Rechte und Pflichten gegenüber dem Versicherer zu unterrichten vermag."

Es geht hieraus hervor, daß der Entwurf es als selbstverständlich ansieht, daß der Versicherungsschein die vollständigen Bedingungen enthält, welche dem Versicherungsvertrage zugrunde liegen sollen. Dies sollte auch bei der Seeversicherung stets so sein; tatsächlich ist es in Deutschland, wie oben nachgewiesen, nie der Fall. Dies ist ein Uebelstand, der dringend der Abänderung bedarf. Denn ein Versicherungsnehmer ist zwar imstande, und es kann von ihm verlangt werden, daß er den Inhalt der Urkunde, die er über den von ihm abgeschlossenen Vertrag erhält, prüft, aber es kann nicht von ihm verlangt werden, besonders bei einer gelegentlich oder im Binnenlande abgeschlossenen Versicherung, daß er ein Buch von 75 Seiten durchstudiert, um zu wissen, welche Tragweite sein Vertrag hat. Es muß daher ausgesprochen werden, daß der gegenwärtige Zustand, daß nämlich jeder am Hamburger und Bremer Versicherungsmarkte abgeschlossene Versicherungsvertrag nicht auf dem Handelsgesetzbuch, sondern auf einem völlig privaten Hefte von Bedingungen beruht, welches nur ein kleiner Teil der Versicherten überhaupt zu Gesichte bekommt, nicht länger erträglich ist und daß er es wesentlich mitverschuldet hat, wenn das geltende Seeversicherungsrecht eine für die Versicherten so ungünstige Gestalt gewonnen hat. Es ist gerade bei Versicherungen durchaus nötig, daß der Versicherte in dem Vertrage selbst seine Rechte und Pflichten verzeichnet findet, soweit nicht die gesetzlichen Vorschriften gelten. Der Einwand, daß bei anderen Geschäften Handelsgebräuche, welche auch nicht den Verträgen einverleibt sind, einen Teil des Vertrages bilden, trifft nicht zu, denn bei allen anderen Geschäften, die auf Grund von Handelsgebräuchen abgeschlossen werden, darf man beide Teile als gleich geschäftskundig ansehen; bei dem Versicherungsgeschäfte dagegen ist es ausgeschlossen, daß alle, die solche Geschäfte abschließen, eine genaue Kenntnis derartig ausgedehnter und komplizierter Bestimmungen haben können. Es dürften überdies für keinen anderen Geschäftszweig die festgestellten Gebräuche einen derartigen Umfang haben, wie die Hamburger und Bremer Seeversicherungsbedingungen.

Zu beachten ist auch, daß die Transportversicherung dem Aufsichtsgesetze nicht unterstellt ist. Es fehlt daher jede Kontrolle der Versicherungsbedingungen, außer derjenigen, welche jeder Versicherte selbst ausübt; diese sollte also so viel wie möglich erleichtert werden. Es erscheint daher die Einfügung des beantragten neuen ersten Absatzes notwendig.

Der Einwand der Transportversicherer, daß zur Erhebung eines Widerspruches gegen den Inhalt des Versicherungsscheines eine Frist von einem Monat für die Transportversicherung zu lang ist, trifft zu. Eine dreitägige Frist wird völlig genügen. Die Wirkung des berechtigten Widerspruches aber festzusetzen, ist nicht erforderlich. Es ist doch selbstverständlich, daß der Versicherte nur die Richtigstellung des Versicherungsscheines fordern kann. Denn sonst wäre es ja kein Widerspruch gegen den Schein, sondern eine Anfechtung des Vertrages, um die es sich in diesem Paragraphen gar nicht handelt.

Dagegen verkennt die Denkschrift der Transportversicherer den letzten Satz des Paragraphen; dieser ist nicht dazu bestimmt, die Vorschrift des Bürgerl. Gesetzbuches, welche natürlich nur dispositiver Natur ist, zu wiederholen, sondern sie für den Bereich des Versicherungsgesetzes zwingend zu machen. Das ist auch ganz gerechtfertigt; aber die Fassung des Gesetzes erfüllt diesen Zweck nicht. Denn wenn das Wort: „solche" in der vorletzten Reihe stehen bleibt, ist die Vorschrift des letzten Satzes nur dann zwingend, wenn in dem Vertrage überhaupt eine Vereinbarung enthalten ist, wie sie in dem ersten Satze des Paragraphen bezeichnet ist. Es wäre aber sehr wohl noch gestattet, wenn eine Klausel der im § 6 bezeichneten Art nicht im Vertrage steht, eine Klausel aufzunehmen: „eine Anfechtung der Genehmigung dieses Versicherungsscheines wegen Irrtums ist ausgeschlossen."

§§ 7—9.

Es ist bei der Transportversicherung nicht gerechtfertigt, jeden Rechtsnachteil infolge der Verletzung einer dem Versicherten auferlegten Obliegenheit auf den Fall der Arglist zu beschränken. Es muß vielmehr, wie auch die Denkschrift ausführt, schon an das bloße Verschulden ein mehr oder weniger erheblicher Rechtsnachteil geknüpft werden können, gleichviel, ob die Obliegenheit vor oder nach dem Eintritt des Versicherungsfalles zu erfüllen war. Dann ist auch die Festsetzung der Zulässigkeit einer mäßigen Geldstrafe überflüssig, und es können für die Transportversicherung die §§ 7—9 in einen zusammengefaßt werden. Es muß jedoch außerdem die Vorschrift aus § 21, betreffend die Einflußlosigkeit der Verletzung auf den Eintritt des Versicherungsfalles, auch hierher übernommen werden. Die von der Denkschrift verlangte Fassung, nach welcher der Versicherte nur dann seinen Anspruch behalten soll, wenn er beweist, daß die Obliegenheit trotz Aufwendung der erforderlichen Sorgfalt verletzt ist, geht viel zu weit.

Daß bei der vorgeschlagenen Fassung nun nicht mehr von Schadenersatz die Rede sein kann, ist selbstverständlich, da ein solcher nur bei Verschulden einzutreten hätte. Aber wenn die Motive erklären, daß auch bei der Fassung des Entwurfes kraft Gesetzes bei Verschulden Schadenersatzpflicht besteht, so mag darauf hingewiesen werden, daß in einer großen Zahl der Fälle der Schaden der Leistung gleichkommen würde.

§ 10.

Für die Transportversicherung muß wohl aus praktischen Gründen gemeinsam mit der Seeversicherung eine Zeit von fünf Jahren festgesetzt werden. Damit erübrigt sich dann auch die Bestimmung des § 137.

§ 11.

Dieser Paragraph würde eine erhebliche Verschlechterung der Stellung des Versicherten gegenüber dem heutigen Zustande herbeiführen, ohne daß hierfür eine Notwendigkeit bestände. Denn die bei der Lebensversicherung hierfür maßgebenden Gründe treffen bei der Transportversicherung keineswegs zu. Hier wäre es vielmehr gegen alle Billigkeit, wenn nach Eintreten des Versicherungsfalles kurz nach der Konkurseröffnung dem Versicherten nicht ein Anspruch an die Masse zustände, natürlich nur in Höhe der Konkursquote; aber andererseits wird es keinem Bedenken begegnen können, wenn eine mäßige Frist — etwa von vierzehn Tagen — bestimmt wird, welche dem Versicherten zur Rückdeckung ausreicht, und nach deren Ablauf das Verhältnis erlischt. Der Grundsatz des § 129a ist entsprechend anzuwenden. Gleichzeitig erscheint es aus praktischen Gründen wünschenswert, das Versicherungsverhältnis auch vorher mit dem Augenblicke der Rückdeckung erlöschen zu lassen, um eine im Konkursfalle besonders komplizierte Prämienverteilung in dem sonst vorliegenden Falle der Doppelversicherung zu vermeiden.

Die alte seeversicherungsrechtliche Bestimmung beizubehalten, nach welcher nicht der Konkursfall, sondern der Fall der Zahlungsunfähigkeit geregelt werden soll, scheint nach der neuen Regelung der Doppelversicherung nicht erforderlich.

§ 12.

Dieser Paragraph bedarf für die Transportversicherung einer Ergänzung mit Rücksicht auf den Umstand, daß hier eine Stundung der Prämie vielfach üblich ist; denn es wäre in der Tat ein Unrecht gegen den Versicherer, wenn er an einen Vertrag gebunden bleiben müßte, während sein Vertragsgegner seine Zahlungspflicht in bezug auf die Prämie nicht erfüllt. Der Zahlung müßte natürlich die Sicherstellung gleichstehen. Aber auch ein dritter Fall muß berücksichtigt werden: es ist nämlich vielfach üblich, daß der Versicherungsschein die Bedingung enthält: „Prämie vom unterzeichneten Makler." Durch diese Bedingung wird also die Prämie nicht dem Versicherten, sondern dem Makler gestundet, welcher seinerseits dem Versicherten irgend welche erleichterten Zahlungsbedingungen einräumen mag. In diesem Falle muß natürlich die Prämie im Sinne dieses Paragraghen als sichergestellt gelten. Aber, wenn der Versicherer seine Prämie erhält, dann soll er auch überhaupt nicht zurücktreten oder kündigen dürfen; dazu liegt bei der Transportversicherung kein Grund vor, mit Ausnahme der Zeitversicherung auf Kasko und Fracht, da es bei diesen Versicherungsarten allerdings dem Versicherer auf die Person des Versicherten ankommt. Auf diesen Fall würde natürlich auch § 129a anzuwenden sein.

§ 13.

Dieser Paragraph paßt auf die Transportversicherung nicht. In den weitaus meisten Fällen der Güterversicherung wird es sich um eine einfache oder kombinierte Reise handeln und diese läßt sich, auch wenn ihre Dauer ein Jahr übersteigen sollte, nicht in kürzere Perioden einteilen. Nur bei Zeitversicherungen kann die allgemeine Regel gelten, unter der Vereinfachung, daß hier stets ein Jahr als Versicherungsperiode gilt.

Anzeige der Gefahrumstände. Gefahrveränderung.

Für die Transportversicherung muß statt des Begriffs der Gefahrerhöhung derjenige der Gefahrveränderung eingeführt werden, weil eine Veränderung der Gefahr, die vom Standpunkte und der Kenntnis des Versicherten aus, keine Erhöhung zu bedeuten scheint, doch häufig für den Versicherer tatsächlich eine solche sein kann, gegen die er des Schutzes dieses Titels bedarf.

§ 14.

Die Denkschrift der Transportversicherer verlangt auch hier denselben Zusatz wie zu § 2 Absatz 4. Aus den da angeführten Gründen scheint er auch hier überflüssig.

§ 15.

Dagegen ist für die Transportversicherung das Verschuldungsprinzip bei Regelung der Anzeigepflicht zu beseitigen, und es müssen die Vorschriften des Handelsgesetzbuches wiederhergestellt werden. Auch die Bestimmungen des Handelsgesetzbuches lassen keinen Raum für eine Schädigung des Versicherten, der die Sorgfalt eines ordentlichen Kaufmannes aufwendet, und in der Transportversicherung wird man bei der Anzeigepflicht bereits die Außerachtlassung dieser Sorgfalt als ein Verschulden auffassen müssen.

Wenn aber nunmehr, dem berechtigten Wunsche der Transportversicherer gemäß, die strenge Auffassung des Seerechts für die gesamte Transportversicherung zur Durchführung gelangt, dann darf aber jedenfalls keine weitere Verschärfung gegenüber dem Handelsgesetzbuch eingeführt werden. Eine solche würde in der ausdrücklichen Gleichstellung des Kennenmüssens mit dem Kennen liegen, sowie in der Fortlassung des letzten Satzes des § 808 Absatz 2, wo der Versicherte auch entschuldigt ist, wenn dem Versicherer der nicht angezeigte Umstand als bekannt vorausgesetzt werden durfte. Es ist zu beachten, daß sogar die Allgemeinen Seeversicherungsbedingungen hier nicht über das Handelsgesetzbuch hinausgehen, was auch Voigt, Seeversicherungsrecht, bestätigt, und von seinem, stets den Versicherern günstigen Standpunkte aus, lebhaft bedauert.

§ 16.

Auch bei diesem Paragraphen müssen die letzten Worte fallen. Man wird dabei von der Erwägung ausgehen dürfen, daß die Aufwendung ordentlicher Sorgfalt gefehlt hat, wenn ein Kaufmann eine positiv unrichtige Anzeige macht, denn die richtige Wiedergabe einer objektiv falschen Nachricht wäre z. B. keine unrichtige Anzeige, wenn sie mit Angabe der Quelle geschieht, sondern nur dann, wenn sie so geschieht, als ob sie der eigenen Wissenschaft entstammte.

§ 17.

Da bei der Transportversicherung viele Versicherungen mündlich abgeschlossen werden, müssen die Worte „und schriftlich“ fortfallen, da sie mit dieser Geschäftspraxis nicht in Einklang stehen.

Der zweite Absatz paßt für die Transportversicherung überhaupt nicht, da er gegenüber den §§ 14—16 noch eine fernere Erleichterung für den nachlässigen Versicherten gewährt, während die Notwendigkeit einer Verschärfung bewiesen ist, und da Fragebogen, an die hier offenbar gedacht ist, in der Transportversicherung nicht üblich sind.

§ 17a.

Es erschien richtig, aus den Allgemeinen Seeversicherungsbedingungen die wichtigsten Punkte der von der Anzeigepflicht handelnden Paragraphen, die im übrigen vielfach veraltet sind, in das Gesetz zu übernehmen, da ja nach § 27 eine generelle Vermehrung dieser Punkte durch Allgemeine Versicherungsbedingungen nicht möglich sein würde. Natürlich steht es dem Versicherer frei, bei Schließung des Vertrages nach § 17 besondere Auskunft über Umstände zu verlangen, die ihm wichtig scheinen.

§ 18a.

Der § 817 des Handelsgesetzbuches bedarf jedenfalls der Aufnahme und dürfte an diese Stelle gehören. Analog den Allgemeinen Seeversicherungsbedingungen wird aber vorzuschreiben sein, daß nicht der Name des Schiffes, sondern die geschehene Abladung anzuzeigen ist, denn dies ist für den Versicherer das Wesentliche. Der Schiffsname wird zur Abladungsanzeige gehören, falls er bekannt ist.

§ 19.

Bei der Transportversicherung kommt es, wie oben angedeutet, nicht nur auf eine Erhöhung der Gefahr vom objektiven Standpunkte aus an, sondern auch auf eine Erhöhung vom subjektiven Standpunkte des Versicherers aus. Diese aber kann der Versicherte in der Regel nicht als eine Erhöhung, sondern nur als eine Veränderung der Gefahr erkennen. Daher muß dieser Ausdruck gewählt werden.

Die in der Denkschrift der Transportversicherer empfohlene Vorschrift über eine vorherige Anzeige einer beabsichtigten Gefahrerhöhung scheint unzweckmäßig und überflüssig. Die Gefahr, beim Versicherungsfalle ungedeckt zu sein (§ 21), ist so groß, daß ein sorgfältiger Versicherter vor einer Gefahrveränderung mit dem Versicherer in Verbindung treten wird. Einen nicht sorgfältigen Versicherten aber kann, oder soll wenigstens, das Gesetz nicht vor Nachteilen schützen.

Die zahlreichen anderen Vorschläge der Transportversicherer zu den §§ 19—22 laufen alle auf eine noch ungünstigere Stellung des Versicherten hinaus. Mit Rücksicht auf den Umstand, daß bei der Transportversicherung die Vorschriften über Anzeigepflicht und Gefahrveränderung nach diesen Anträgen bei weitem strenger sind, als bei irgend einem anderen Versicherungszweige, sollte ein gewisses Maß der Wünsche in dieser Beziehung seitens der Versicherer aber auch nicht überschritten werden.

§§ 20 und 21.

Die Vorschriften des Entwurfes eignen sich für die Transportversicherung schon deshalb nicht, weil hier die Gefahr häufig in wenigen

Tagen abgelaufen ist. Dann aber beim Kündigungsrecht und bei der Kündigungsfrist mit einem Monat zu rechnen, ist offenbar unmöglich.

Die ganzen Folgen einer mit Zutun des Versicherten erfolgten Veränderung der Gefahr lassen sich aber auch für die Transportversicherung viel einfacher regeln. Man kann zunächst davon absehen, die Kündigungsfrist bei Verschulden ganz auszuschließen, und wenn kein Verschulden vorliegt, sie auf einen Monat zu erstrecken; es empfiehlt sich vielmehr in beiden Fällen eine kurze Frist, etwa von zehn Tagen, zu gewähren. Denn nach § 21 ist ja der Versicherer von der Leistung frei, wenn nicht bestimmte Ausnahmen zutreffen. Natürlich mußte das Verschuldungsprinzip auch aus diesen beiden Paragraphen gestrichen werden.

Dann aber ist auch die Frist zur Ausübung des Kündigungsrechtes viel zu lang; drei Tage werden für den Versicherer vollkommen genügen, sich darüber zu entscheiden, ob er unter den veränderten Umständen die Versicherung fortsetzen will oder nicht.

Im § 21 Absatz 2 mußte der Anfang des zweiten Satzes auch auf den Fall ausgedehnt werden, daß der Zustand wiederhergestellt ist, der vor der Veränderung der Gefahr bestanden hat. Die Begründung gibt keinen Grund dafür an, daß dies im Entwurfe nicht geschehen ist.

§ 22a.

Die Bestimmung des § 815 des Handelsgesetzbuches, wonach ein Wechsel des Kapitäns unter gewöhnlichen Umständen keine Gefahrerhöhung bedeutet, bedarf der Aufnahme und wird an diese Stelle gehören.

§§ 23 und 24.

Diese Vorschriften sind auf die Transportversicherung überhaupt unanwendbar. Nach den Grundsätzen des Seeversicherungsrechtes bildet der Umstand, daß die Gefahr sich ohne Zutun des Versicherten während der Vertragsdauer vergrößert, eben auch einen Teil der Gefahr, die der Versicherer übernommen hat. Auch eine Anzeigepflicht wird im Handelsgesetzbuch nicht festgesetzt. In der Binnentransportversicherung liegen die Verhältnisse in dieser Beziehung aber genau so, wie in der Seeversicherung. Die beiden Paragraphen sind daher zu streichen.

Die beiden einzigen Ausnahmen, welche das Handelsgesetzbuch macht, nämlich eine Gefahrveränderung vor Beginn der Gefahr bei einer Kasko- oder Frachtversicherung für eine Reise (§ 813 Abs. 1) und eine Gefahrveränderung ebenfalls nur vor Beginn der Gefahr bei einer Versicherung auf Güter in einem bestimmten Schiffe (§ 816) können nicht übernommen werden, da § 129a sie ausschließt.

§ 25.

Die Definition der Gefahrerhöhung, wie der Entwurf sie gibt, scheint unzureichend zu sein. Das in der Begründung gegebene Beispiel aus der Feuerversicherung würde nach den in der Transportversicherung herrschenden Anschauungen unter allen Umständen als ein Fall der Gefahrerhöhung aufgefaßt werden. Es erscheint daher richtiger, die Definition dem § 806 Absatz 1 des Handelsgesetzbuches nachzubilden.

Im zweiten Absatze ist die „schriftliche Erklärung“ aus denselben Gründen zu streichen, wie bei § 17.

§ 26.

Dieser Paragraph entspricht der im § 810 des Handelsgesetzbuches enthaltenen Vorschrift, unter angemessener Erweiterung des Rechtes des Versicherten durch den Absatz 2. Im dritten Absatz ist die Bezugnahme auf den gestrichenen § 24 zu streichen.

§ 27.

Nachdem die Bestimmungen über die Anzeigepflicht und die Gefahrveränderung in einer Weise zum Schutze der Versicherer umgestaltet sind, welche in der Tat jede Vereinbarung unzulässig erscheinen lassen sollte, welche diese Bestimmungen noch zuungunsten der Versicherten abändert, scheint es durchaus billig, für diese Paragraphen die freie Vereinbarung auszuschließen. Es kann dem nicht entgegengehalten werden, daß besondere Verhältnisse noch weitere besondere Abmachungen erforderlich machen könnten. Dadurch, daß dieser Titel zwingend gestaltet wird, wird z. B. eine Vereinbarung, daß Reisen in einem bestimmten Meere innerhalb einer gewissen Jahreszeit nicht gemacht werden sollen, durchaus nicht ausgeschlossen; wird dann das Schiff durch eine fehlerhafte Disposition des Versicherten bis über die Anfangsgrenze der Verbotszeit dort zurückgehalten, so fällt das natürlich unter die §§ 19—22. Wird es aber durch einen Umstand zurückgehalten, den ein sorgfältiger Reeder nicht voraussehen konnte, so soll sich von dieser Gefahr der Versicherer nicht befreien können. Augenblicklich geschieht dies aber tatsächlich vielfach. So würde dann dieser Titel eine zwingende Auslegungsregel für alle Vereinbarungen enthalten, welche die Anzeigepflicht und die Gefahrerhöhung betreffen, und das erscheint in der Tat gerechtfertigt.

Weil die Vereinbarung über die schriftliche Form der Anzeige eine Erschwerung, also Benachteiligung des Versicherten bedeuten würde, ist infolge des Absatzes 1 die Vorschrift des Absatzes 2 nötig; es empfiehlt sich, diese Erlaubnis für alle Anzeigen zu geben, welche unter diesem Titel erforderlich werden können. Die schriftliche Form überhaupt zwingend vorzuschreiben, wie es die Transportversicherer empfehlen, ist wohl nicht rätlich.

Prämie.

§ 28.

Wie zu § 1 ausgeführt, muß dem Versicherungsnehmer und nicht dem Versicherten die Verpflichtung zur Prämienzahlung auferlegt werden. Da außerdem in der Transportversicherung die Stundung der Prämie die Regel bildet, empfiehlt es sich, auf die Möglichkeit anderer Vereinbarungen ausdrücklich Bezug zu nehmen.

§ 29.

Es scheint nicht zweckmäßig zu sein, im Widerspruch mit der bisherigen Praxis der Transportversicherung den Wohnsitz des Versicherten zum Leistungsort für die Prämie zu machen. Leistungsort sollte vielmehr, ebenso wie für die Leistungen des Versicherers, der Wohnsitz des Versicherers sein, und, wenn die Versicherung durch einen Abschlußagenten geschlossen ist, dessen Wohnsitz.

§ 30.

Hier fehlt zunächst eine Bestimmung für den Fall, daß die Prämie für den Versicherer an einen Dritten (Bank oder Vermittelungsagenten) gezahlt ist. Sodann aber scheint die Vorschrift zu weit zu gehen, wenn sie eine schriftliche Anzeige der gewünschten Aenderung fordert; eine ausdrückliche Anzeige genügt vollständig. Auf die Einziehung durch Agenten durch eine besondere Vorschrift Rücksicht zu nehmen, dürfte sich erübrigen.

§ 32.

Das Wort „Versicherte" ist auch hier durch „Versicherungsnehmer" zu ersetzen.

Die Geltung dieses Paragraphen auf den Fall zu beschränken, daß die Prämie gestundet ist, wie die Denkschrift der Transportversicherer es vorschlägt, geht nicht an und widerspricht der Absicht des § 33. Ist der Versicherungsschein ausgegeben, so soll die Befreiung des Versicherers von der Leistung erst nach einer Fristbestimmung eintreten, was zum Schutze des gutgläubigen Besitzers des Versicherungsscheines auch durchaus erforderlich ist.

§ 33.

Der erste Absatz bedarf der Abänderung. Die Erwägungen, welche die Denkschrift der Transportversicherer enthält, werden im allgemeinen für zutreffend erachtet werden können. Es scheint in der Tat nicht angängig, die Folgen der Nichtzahlung der Prämie von einem Verschulden des Versicherungsnehmers abhängig zu machen. — Im ersten Satze muß es wieder „Versicherungsnehmer" statt „Versicherte" heißen; im letzten Satze muß, wenn der Satz gestrichen wird: „wenn der Versicherte mit der Zahlung im Verzug ist" vor „Ablaufe" das Wort „fruchtlosen" eingefügt werden.

§ 34.

Im Falle des Konkurses des Versicherers ist die Regelung gerechter, welche jetzt bei der Seeversicherung gilt, daß nämlich der Versicherte die ganze Prämie für die laufende Versicherungsperiode zurückfordern kann. Es ist dabei zu erwägen, daß erstens die Konkursquote meist nur einen geringen Teil der Prämie wiedergeben wird, und daß zweitens der Versicherte bei solcher Sachlage auch in der Zeit vor Ausbruch des Konkurses keine Deckung gegen die Gefahr gehabt haben dürfte.

Der Fall einer Kündigung beim Konkurse des Versicherten muß analog dem Falle des § 31 Abs. 2 geregelt werden.

§ 35.

Dieser Paragraph muß nach Streichung der §§ 23 und 24, deren Fälle er behandelt, auch fortfallen. Er trifft zwar auch die Fälle der §§ 15 und 21; da aber aus diesen das Verschuldungsprinzip beseitigt ist, erscheint er nirgends mehr anwendbar.

§ 36.

Es ist nötig, diejenigen Bestimmungen, welche die Folgen einer nicht pünktlichen Prämienzahlung festsetzen, vor weiterer Verschärfung durch den Vertrag zu bewahren. Sie sind scharf genug, und es liegt die Gefahr sehr nahe, daß sie durch die Versicherungsbedingungen noch verschärft werden könnten. Dagegen kann man im übrigen die Frage der Zurückvergütung von Prämien usw. der freien Vereinbarung überlassen und sich da mit dispositiven Bestimmungen begnügen.

Versicherungsfall.

§ 37.

Die in diesem Paragraphen gegebene Vorschrift paßt nicht für die Transportversicherung. Hier muß die Bestimmung des Handelsgesetzbuches in Kraft bleiben, nach welcher der Versicherungsnehmer oder der Versicherte die Anzeige zu leisten hat, letzterer, wenn er von der Versicherung Kenntnis hat. Denn bei der Transportversicherung wechselt der Versicherte doch häufig.

Der zweite Satz ist für die Transportversicherung auch nicht brauchbar. Wenn der Versicherungsschein z. B. einer Bank mit der Maßgabe verpfändet ist, daß ihr das Recht auf Leistung zustehen soll, wäre es doch geradezu gegen das Interesse des Versicherers, wenn sie die Anzeige vom Versicherungsfall zu machen hätte, den sie meist erst spät erfahren wird.

§ 38.

Auch dieser Paragraph paßt in seiner kurzen Fassung nicht für die Transportversicherung. Der erste Satz ist berechtigt und kann aufgenommen werden; im übrigen aber sind die §§ 882, 885 und 884 des Handelsgesetzbuches ihrem ganzen Inhalte nach für diese Versicherungen notwendig, und zwar auch für die Binnenversicherungen. Die die Orderpolice betreffende Einschiebung ist zu § 5a begründet.

§ 39.

Dieser Paragraph scheint für die Transportversicherung vollständig überflüssig zu sein.

§ 40.

Hier wird die Hinausschiebung der Fälligkeit des Anspruches auf das Versicherungsgeld über Gebühr hinaus für gewisse Fälle verhindert, aber im übrigen die Vertragsfreiheit nicht beschränkt. Warum die Leistung erst eine gewisse Zeit nach der Einreichung der Schadenrechnung fällig sein soll, wie die Denkschrift der Transportversicherer es verlangt, ist nicht erfindlich. Wenn die Beweise für den Schaden da sind, hat der Versicherer auch ohne Verzug zu zahlen,

Versicherungsagenten.

§ 41.

Die beiden Erinnerungen der Transportversicherer zu diesem Paragraphen scheinen berechtigt. Es muß nicht nur die örtliche Beschränkung eingefügt, sondern auch die Bevollmächtigung zur Prämienannahme auf die Inkassobefugnis gegen die Prämienquittung des Versicherers beschränkt werden.

§ 42.

Da es sich nicht empfiehlt, in § 4 die Befugnis des Agenten zur Zeichnung des Versicherungsscheines festzustellen, muß dies hier nachgeholt werden. Ferner wird auch in diesem Paragraphen auf die Beschränkung des Agenten auf seinen Bezirk hinzuweisen sein.

§ 44.

Dieser Paragraph sollte auch für die Transportversicherung zwingend sein, schon weil dadurch die Sicherheit des Geschäftes ganz erheblich vergrößert würde.

Inhalt des Vertrages.

§ 46.

Die Vorschrift dieses Paragraphen erleidet für die Transportversicherung wesentliche Einschränkungen durch spätere Paragraphen, auf die ein Hinweis wünschenswert ist.

§ 47.

Die Denkschrift der Transportversicherer wünscht den zweiten Absatz auch auf den Fall angewandt zu wissen, daß die Ueberversicherung später dazu benutzt wird, einen rechtswidrigen Vermögensvorteil zu schaffen, auch wenn sie nicht dazu geschlossen war. Dies kann nicht gebilligt werden. Ueber den Wert jeder Sache wird es sehr verschiedene Ansichten geben können; und schließlich wäre gar jeder Anspruch auf eine etwas höhere Summe, als auf welche Sachverständige den Wert taxieren, rechtswidrig. Die Vorschrift muß also bleiben, wie sie ist.

§ 50.

Dieser Paragraph muß gestrichen werden da er für die Transportversicherung nur zu Mißverständnissen führt. Er ist überflüssig infolge von § 47 Absatz 1, der bei offener Police doch auch im Schadensfalle gilt. Für die Transportversicherung ist in den späteren Paragraphen überdies ganz genau bestimmt, was als Betrag des Schadens gilt.

§ 51.

Diese Vorschrift muß nach dem § 792 des Handelsgesetzbuches umgeformt werden, um den Verhältnissen der Transportversicherung zu entsprechen.

§ 52.

Nur der erste Satz paßt für die Transportversicherung. Der Fall einer erheblichen Uebersetzung der Taxe muß durch Aufnahme von § 793 Absatz 2 des Handelsgesetzbuches geregelt werden, unter Einfügung der Bestimmung, daß die Herabsetzung nur vor Eintritt des Versicherungsfalles gefordert werden kann, um klarzustellen, daß für den Versicherungsfall die Taxe unbedingt gilt. Ebenso sind die übrigen Vorschriften dieses Paragraphen, sowie des § 794 unentbehrlich.

Die Auffassung von der Taxe, welche die Transportversicherer in ihrer Denkschrift vertreten, kann nicht gebilligt werden. Das ganze Versicherungsgeschäft hat sich schon so sehr an den absoluten Charakter der Taxe gewöhnt, daß eine Aenderung ihrer Bedeutung nicht angängig erscheint, zumal sich Uebelstände nicht ergeben haben. Die Höhe der Taxe ist eine reine Prämienfrage und wird von den Versicherern dementsprechend behandelt; es pflegt bei Kaskoversicherungen um die Höhe der Taxe ebensoviel gehandelt zu werden, wie über den Prämiensatz; der Versicherer will die Taxe hoch, der Versicherte niedrig. Wenn es umgekehrt wäre, so wäre wohl ein Grund zur Aenderung vorhanden, so aber nicht. Auch für die Binnenversicherung ist eine anderweitige Regelung nicht erforderlich. Der Versicherer kann ja eine zu niedrige Taxe auch hier ablehnen.

Aber die Bedeutung der Taxe auf eine Umkehrung der Beweislast beschränken, würde auf eine tatsächliche Täuschung der Versicherten hinauslaufen, die der durch das angeführte Reichsgerichtsurteil bestätigten Ansicht sind, an der Taxe könne, einmal vereinbart, nicht mehr gerüttelt werden.

Die Möglichkeit, eine niedrige Taxe heraufzusetzen, wäre für die Versicherer allerdings höchst verlockend. Denn da es kaum möglich wäre, einen entsprechenden anderen Prämiensatz zu bestimmen, soll doch wohl der Prämiensatz derselbe bleiben. Wenn also ein Schiff Mk. 300000,— taxiert und wegen sehr niedriger Taxe zu 9 Prozent jährlich versichert, auf Mk. 400000,— herauftaxiert wird, soll die Prämie 9 Prozent bleiben, während die entsprechende Prämie $7^1/_4$ Prozent wäre? Wo ist denn aber überhaupt die Benachteiligung des Versicherers bei niedriger Taxe? Er setzt sich die Kaskoprämie aus zwei Teilen zusammen: gegen den Totalverlust rechnet er einen gewissen Prozentsatz von der Taxe, etwa 3 bis 4 Prozent bei Frachtdampfern; hier macht die Höhe der Taxe einen Unterschied nur bei Kondemnationsfällen, die unter der Herrschaft der Allgemeinen Seeversicherungsbedingungen äußerst selten sind. Gegen Teilschäden, große Haverei, eventuell Kollisionshaftpflicht usw. rechnet er einen Geldbetrag pro Bruttotonne; dieser wird um so größer sein müssen, je niedriger die Taxe ist; und dann wird der so erhaltene Geldbetrag nach der mit dem Reeder vereinbarten Taxe in einen Prozentsatz umgerechnet. Also zum Beispiel: Ein Dampfer von 2000 Tons Brutto soll versichert werden. Für Teilschäden usw. Mk. 7,50 per Ton macht Mk. 15000,—; dies sind bei einer Taxe von Mk. 300000,— 5 Prozent, bei einer Taxe von 400000,— $3^3/_4$ Prozent; aber da der Versicherer aus den in der Denkschrift dargelegten Gründen bei der höheren Taxe besser fährt, wird er mit $3^1/_2$ Prozent zufrieden sein. Angenommen, dazu kämen gegen Totalverlust $3^3/_4$ Prozent bei höherer, 4 Prozent bei niedrigerer Taxe, so betrüge die Gesamtprämie bei Mk. 300000,— Taxe 9 Prozent, bei Mk. 400000,— $7^1/_4$ Prozent jährlich. Da also, wie hier nachgewiesen, die Taxe mit der Prämie aufs engste zusammenhängt, warum brauchen die Versicherer einen gesetzlichen Schutz gegen niedrige Taxen?

§ 53.

Dieser Paragraph sollte gestrichen werden. Er handelt von der Deckung eines Risikos bei mehreren Versicherern und schreibt für diesen Fall vor, daß allen Versicherern jede anderweitige Versicherung anzuzeigen ist. Die Fassung des Paragraphen freilich ist ungenau; wenn ein versichertes Interesse gegen dieselbe Gefahr nochmals versichert wird, so ist das jedesmal eine Doppelversicherung; gemeint ist: „wird ein Interesse gegen dieselbe Gefahr bei mehreren Versicherern in Anteilen versichert . . .“; aber die ganze Bestimmung, die gewiß für die meisten Arten der Schadensversicherung sehr praktisch, bei manchen sogar notwendig sein mag, paßt für die Seeversicherung nicht. Es kommt z. B. bei Kaskoversicherungen sehr häufig vor, daß ein Teil am Hamburger, ein Teil am Bremer, ein Teil am Londoner Markte gedeckt wird; bei sehr großen und wertvollen Schiffen werden häufig noch weitere Märkte, auch überseeische, herangezogen werden. Da wird eine solche Vorschrift unpraktisch und oft unausführbar; und schließlich bleibt es jedem Versicherer unbenommen, wie dies tatsächlich auch schon manchmal geschieht, eine verbindliche Anzeige über diesen Gegenstand in der Police zu verlangen. Für den Fall der Doppelversicherung genügt ein Zusatz zu § 54. Besonders hervorzuheben ist, daß diese Vorschrift bisher nicht bestanden hat, daß also die Versicherer offenbar kein Bedürfnis empfunden haben, sie einzuführen, auch nicht in den Allgemeinen Seeversicherungsbedingungen.

Sollte die Streichung dieses Paragraphen nicht beliebt werden, dann müßte mindestens im letzten Satze das Wort „Verschulden“ durch „Arglist“ ersetzt werden; denn diese Anzeige hat so wenig Wert für den Transportversicherer, daß an ein einfaches Verschulden eine so schwere Folge nicht geknüpft werden darf.

§ 54.

Die grundsätzliche Regelung der Doppelversicherung, wie sie hier gegeben ist, ist befriedigend. Die Transportversicherer tadeln in ihrer Denkschrift allerdings sehr viel daran; sie wollen nur pro rata haften und nur pro rata Prämien nehmen, abzüglich einer Geschäftsgebühr, welche, beiläufig gesagt, bei den kleinen Prämien der Gütertransportversicherung voraussichtlich mindestens die ganze rückzuvergütende Prämie aufzehren dürfte. Aber auch sonst ist es nicht verständlich, warum die Versicherer sich gegen die solidarische Haftung wehren. Warum soll der Versicherte nicht gegen jeden, dem er die volle Prämie bezahlt hat, auch den vollen Anspruch auf Leistung erheben können, vorausgesetzt, daß er ihn nicht doppelt erhebt? Wenn die Transportversicherer befürchten, daß ihnen, zumal in Fällen, in denen der andere Versicherer Ausländer ist, ihr Regreßanspruch verloren geht, so ist dieser Grund in keiner Weise stichhaltig. Im Gegenteil, wenn sie einen Teil ihrer Leistung von dem anderen Versicherer wieder zurückbekommen, dann machen sie einen Verdienst, der ihnen eigentlich gar nicht zusteht; denn sie leisten dann um so viel weniger, als wofür sie volle Prämie erhalten haben. Es ist also lediglich ein Extragewinn für sie, wenn sie durch einen solchen Regreßanspruch etwas von ihrer Leistung zurückbekommen.

Es ist auch darauf hinzuweisen, daß die jetzige Regelung im Handelsgesetzbuch nur für den Ausnahmefall der gleichzeitigen Versicherung die pro rata-Haftung vorsieht; in denjenigen Fällen, welche die Regel bilden, haftet entweder der frühere oder der spätere Versicherer.

Die von den Transportversicherern angeregte Vorschrift für den Fall der betrügerischen Ausnutzung einer in guter Absicht geschlossenen Doppelversicherung scheint doch gar zu sehr ins einzelne zu gehen. Betrug steht ja auch sonst schon unter Strafe.

Ein neu beantragter vierter Absatz stellt die Anzeigepflicht an alle inländischen Versicherer fest. Eine Anzeige an einen Versicherer in New York, Sydney oder Bombay — alles große Versicherungsmärkte — kann doch wohl kaum im Ernste verlangt werden.

§ 55.

Für die Transportversicherung ist es nicht zulässig, den Versicherten auch in dem Falle zu entschädigen, wenn er den Versicherungsfall durch sein Verschulden herbeigeführt hat. Es wird nur eine Ausnahme für den Fall nautischen Verschuldens zu machen sein, falls der Versicherte auf seinem Schiff selbst tätig ist. Aber im übrigen muß anerkannt werden, daß es zu den Grundlagen der Transportversicherung gehört, daß der Versicherte die Sorgfalt eines ordentlichen Kaufmannes aufzuwenden hat. Etwas ganz anderes ist es freilich, wenn die Transportversicherer die Beibehaltung des bisherigen Grundsatzes in bezug auf Ablader, Empfänger und Kargadeur (§ 821 Nr. 4 des Handelsgesetzbuches) verlangen. Wenn diese nicht selbst Versicherte sind, wird man den Versicherten für ein einfaches Verschulden dieser nicht strafen können. Ebensowenig empfiehlt sich hier die Gleichstellung der geschäftlichen Vertreter der Versicherten mit diesem. Diese Einfügung würde eine sehr große Unklarheit bringen. Uebrigens scheint es doch zweifelhaft, ob der § 278 des Bürgerlichen Gesetzbuches so unbedingt auf alle solche Fälle anwendbar ist.

§ 56.

Dieser Paragraph bedarf einer Abänderung, um der Entwickelung der Kaskoversicherung in den letzten Jahren Rechnung zu tragen. Es wird mehr und mehr Uebung, daß Reeder ihre Schiffe nur teilweise versichern und den anderen Teil der Gefahr selbst laufen. Dies kann sowohl in der Weise geschehen, daß sie einzelne Teile der Gefahr versichern und andere nicht, z. B., daß sie nur gegen Totalverlust und nicht gegen andere Havereien versichern; als auch in der Weise, daß sie nur einen Teil des Versicherungswertes gegen alle Gefahren versichern, den anderen Teil überhaupt nicht; endlich sind noch Kombinationen beider Arten möglich und oft angewandt. Daß der Reeder einen erheblichen Teil der Gefahr selbst trägt, ist zweifellos im allgemeinen Interesse wünschenswert, und die Versicherer pflegen meistens, wenn dies der Fall ist, eine nicht unerhebliche Prämienreduktion eintreten zu lassen. Gerade der sorgfältige Reeder wird bei einer solchen Einrichtung das beste Geschäft machen und am meisten Prämie sparen. Wenn nun ein Versicherungsfall eintritt, dann laufen, wenn der volle Versicherungswert gegen alle Gefahr versichert ist, die Interessen des Reeders und des Versicherers meist zusammen, bis auf gewisse Grenzfälle, welche bei den Paragraphen, welche vom Abandon handeln, betrachtet werden müssen. Wenn aber der Reeder einen Teil der Gefahr selbst läuft, dann kommt es leicht zu einem Gegensatz der Interessen des Reeders und des Versicherers, und für diesen Fall entspricht es nur der Gerechtigkeit, den Reeder für seinen unversicherten Anteil dem Versicherer gleichzustellen. Ein solches Verfahren wird in Hamburg z. B. schon nicht selten ausdrücklich vereinbart.

§ 57.

Die Vorschriften dieses Paragraphen beseitigen eine erhebliche Lücke, die bis jetzt im Seeversicherungsrechte bestanden hat. Nach § 872 des Handelsgesetzbuches und § 131 des Entwurfes besteht der Teilschaden am Schiffe in dem Betrage, welcher nach §§ 709, 710 des Handelsgesetzbuches durch Sachverständige festgesetzt wird; dieser Betrag ist nach dem Gesetze definitiv; in Wirklichkeit aber vereinbaren die Versicherer stets, daß er nur als Höchstbetrag zu betrachten sei. Kostet die Reparatur weniger, so bezahlen die Versicherer nur den wirklichen Betrag der Reparatur; kostet die Reparatur mehr, so bezahlen die Versicherer nur den Betrag der Reparaturtaxe. Die Behauptung der „Denkschrift", daß in der Praxis der Transportversicherung die Reparaturtaxe ein unanfechtbares Definitivum sei, widerspricht daher geradezu den Tatsachen; Beweis: § 130 Absatz 3 der Allgemeinen Seeversicherungsbedingungen. Es ist daher richtiger zwar, als Grundsatz anzunehmen, daß die Taxe maßgebend sein soll, aber für Fälle offenbarer Unrichtigkeit diesen Paragraphen bestehen zu lassen. Sein Eingang muß jedoch geändert werden, weil er sonst die beabsichtigte Wirkung nicht äußern kann. Er muß so gefaßt sein, daß er sich auch auf die Fälle bezieht, in denen das Sachverständigenverfahren nicht durch Vertrag, sondern, wie hier, durch das Gesetz vorgeschrieben ist.

§ 58.

Die berechtigten Aufwendungen des Versicherten zur möglichsten Rettung des versicherten Gegenstandes müssen, wie in der Transportversicherung schon immer, voll bezahlt werden, auch wenn dadurch einschließlich des übrigen Schadens die Versicherungssumme überschritten wird. Dies erkennen auch die Transportversicherer als in ihrem eigenen Interesse liegend an.

Wenn die Transportversicherer den Ausdruck: „geboten halten durfte" bemängeln, so ist das nicht berechtigt. Auch wenn man den Wortlaut des Handelsgesetzbuches in § 834 Nr. 3 zugrunde legt, so sind Kosten, die erfolglos geblieben sind (diesen Zusatz erwähnt die Denkschrift nicht), vom objektiven Standpunkte aus niemals notwendig oder zweckmäßig aufgewendet; diese Ueberlegung zeigt, daß auch das Handelsgesetzbuch mit seiner Vorschrift bereits das wollte, was der Entwurf nur klarer ausgedrückt hat.

Im zweiten Absatz muß die Bezugnahme auf § 52 fortfallen, weil aus diesem Paragraphen die bezügliche Bestimmung gestrichen ist.

§ 60.

Für die Transportversicherung besteht kein Grund, von dem Grundsatze der Seeversicherung abzugehen, daß auch bei einem Totalverlust die Kosten der Schadensfeststellung vom Versicherer zu tragen sind. Es ist auch nicht gerechtfertigt, in dieser Beziehung den Totalverlust, der bei der Seeversicherung häufiger ist als bei anderen Versicherungsarten, anders zu behandeln als die Teilschäden.

Zu berücksichtigen ist auch hier wie im § 57 der Fall, daß das Gesetz Sachverständige vorschreibt. Im zweiten Absatze müssen daher die Worte: „nach dem Vertrage" fallen.

§ 61.

Die Einwendungen, welche die Transportversicherer gegen diesen Paragraphen erheben, sind berechtigt, falls sie den Grundsatz, daß bei Unterversicherung der Versicherte für den unversicherten Teil als Versicherer mit gleichen Rechten und Pflichten gilt, durchweg anerkennen, also auch insbesondere bei § 56. Von diesem Gesichtspunkte aus ist nun auch § 61 umgeformt. Uebrigens ist es bemerkenswert, daß die Allgemeinen Seeversicherungsbedingungen in § 28 Absatz 4, den Grundsatz des zweiten Satzes des § 61 des Entwurfes bei der Versicherung eines Pfandrechtes haben. Irgend ein Grund, diesen völlig analogen Fall anders zu ordnen, ist aber nicht ersichtlich.

Für die Transportversicherung wird, um Mißverständnisse zu vermeiden, der Anfang des Paragraphen besser nach dem Vorbilde des § 822 des Handelsgesetzbuches gefaßt. Ferner ist es zweckmäßig, die analogen Fälle der §§ 804, 805 und 859 Absatz 2 hier einzufügen. Endlich bedarf der Versicherer auch der Vorschrift des § 71 Absatz 3 der Allgemeinen Seeversicherungsbedingungen, nach welcher der Versicherte auf Verlangen die Rechtsverfolgung im eigenen Namen leisten muß; im Auslande ist dies oft unumgänglich.

Was Ansprüche gegen Familienangehörige betrifft, so hat die von dem Versicherten zu fordernde Sorgfalt eines ordentlichen Kaufmannes hiermit gar nichts zu tun. Diese Familienangehörigen werden meist keine Kaufleute sein; und da ein solcher Anspruch gegen einen Familienangehörigen in den meisten Fällen gleichbedeutend sein wird mit der Befreiung des Versicherers von der Pflicht zur Leistung, so scheint die Vorschrift des Entwurfes das richtige zu treffen.

Sachlich zu diesem Paragraphen gehören aber auch die übrigen in § 822 des Handelsgesetzbuches enthaltenen Vorschriften, die mit der dem § 71 der Allgemeinen Seeversicherungsbedingungen entnommenen Ergänzung daher hier aufgenommen sind.

§ 62.

Dieser Paragraph wird durch § 129i, = § 135 des Entwurfes, in der für die Transportversicherung erforderlichen Weise, entsprechend § 840 Absatz 3 des Handelsgesetzbuches abgeändert, und ist daher überflüssig.

§ 63.

Diese Vorschrift paßt nicht für die Transportversicherung. Für Gütertransport verbietet sich ihre Anwendung von selbst; die Vorschrift des § 133 genügt nicht, sobald die Versicherung nicht mit der Reise endet, sondern noch eine Lagerung umfaßt, oder mehrere Reisen usw. Auch § 133 muß daher gestrichen werden. Bei der Kaskoversicherung paßt sie für Reiseversicherungen auch nicht, wie die Transportversicherer es in ihrer Denkschrift selbst aussprechen; aber auch für Zeitversicherungen würde sie zu sehr ungerechten Folgen führen. Beginnt die Versicherung im Frühjahr, und ein Unfall ereignet sich im Herbst, so wird der Versicherer sehr geneigt sein, zu kündigen, denn er behält die halbe Prämie und hat nur ein ganz leichtes Risiko gelaufen, im Verhältnis zum Winterrisiko; ist es umgekehrt, so wird aus entsprechenden Gründen der Versicherte zu kündigen wünschen. Es sollte daher sowohl § 63, wie § 133 gestrichen werden. Es ist dabei auch zu berücksichtigen, daß bei der Transportversicherung die Prämie bei einem Teilschaden nicht gewissermaßen in entsprechender Höhe absorbiert wird, weil der Versicherer nur noch für den Restbetrag der Versicherungssumme haftet; sondern die Prämie ist hier das Entgelt für die dauernde Haftung auch für mehrere Versicherungsfälle von zusammen weit über hundert Prozent während der ganzen Versicherungsperiode.

Veräußerung der versicherten Sache.

Aus diesen Bestimmungen muß das Kündigungsrecht des Versicherers gestrichen werden. Es paßt für die Transportversicherung überhaupt nicht; nur für die Kaskozeitversicherung können gewisse Bestimmungen derart in § 68 getroffen werden.

§ 66.

Die Anzeige von der Veräußerung ist bei Güterversicherungen gar nicht durchzuführen. Die versicherten Güter wechseln ihren Besitzer während der Dauer der Versicherung oft ein halb dutzend Mal und mehr; da verbietet sich die Durchführung einer solchen Vorschrift von selbst. Für besondere Fälle kann ja die Anzeige vereinbart werden.

§ 68.

Dieser Paragraph ist auf die Zeitversicherung auf Kasko oder Fracht zu beschränken, weil, wie bereits angeführt, das Kündigungsrecht für die Transportversicherung sonst undurchführbar ist. Nur hier wäre dann auch die Anzeigepflicht einzuführen.

§ 69.

Diese Vorschrift muß als Folge der Spezialisierung des vorigen Paragraphen in Fortfall kommen; sie wird zweckmäßigerweise durch § 899 Absatz 2 des Handelsgesetzbuches ersetzt, welcher dem Versicherer den notwendigen, aber auch jeden erforderlichen Schutz gewährt.

An die Verletzung der Anzeigepflicht bei einer Veräußerung für die Kaskoversicherung solche Folgen, wie in § 69 des Entwurfs vorgesehen, von Gesetzes wegen zu knüpfen, wäre ungerechtfertigt.

§ 72.

Dieser Abschnitt darf nicht zwingend gemacht werden, weil hier besondere Verhältnisse auch besondere Regelungen erforderlich machen können.

Versicherter und Versicherungsnehmer. Versicherung für fremde Rechnung.

Da in der Transportversicherung der Versicherungsnehmer vielfach auch bei der Versicherung für eigene Rechnung im Gesetze erwähnt wird, so muß die Ueberschrift dieses Abschnittes allgemeiner gefaßt werden.

§ 74.

Hier ist die Vorschrift des Handelsgesetzbuches beseitigt, nach der der Mangel eines Auftrages angezeigt werden muß. Dagegen wendet sich die Denkschrift der Transportversicherer, aber mit Unrecht. Es wird in Uebereinstimmung mit den Motiven anzunehmen sein, daß § 76 Absatz 2 zum Schutze des Versicherers vollkommen genügt.

§ 75.

Die Forderung der Transportversicherer, die Bestimmung des § 812 Absatz 3 des Handelsgesetzbuches hier einzufügen, ist angesichts des § 77 nicht berechtigt.

§ 76.

Dem Versicherungsnehmer darf im Falle der Ausstellung eines Versicherungsscheines das Recht auf die Entschädigung nicht eingeräumt werden, wenn er nicht im Besitz des Versicherungsscheines ist. Bei der im Entwurf vorgeschlagenen Regelung würde eine große Unsicherheit entstehen, die bei der beantragten Beibehaltung der Bestimmung des Handelsgesetzbuches nicht zu befürchten wäre.

§§ 76a und 76b.

Hier muß die Vorschrift der §§ 888 und 889 des Handelsgesetzbuches eingefügt werden, welche nötig erscheint, da für die Transportversicherung das Verhältnis zwischen Versicherungsnehmer, Versicherten und Versicherer anders geregelt ist, als für die übrigen Versicherungszweige. Ob die Bemerkungen in der Begründung Seite 122 über die Ueberflüssigkeit dieser Paragraphen zutreffend sind, wird eingehender Prüfung bedürfen.

§ 78.

Den Transportversicherern ist zuzugeben, daß bei der Versicherung für fremde Rechnung auch die Kenntnis der Zwischenbeauftragten in Betracht kommt.

Als zweiter Absatz ist der nur für den Fall der Versicherung für fremde Rechnung passende letzte Satz des § 2 Absatz 3 in einer der bisherigen Vorschrift des Handelsgesetzbuches (§§ 785 und 807) entsprechenden Fassung angefügt.

Umfang der Gefahr.

Hier empfiehlt es sich, die Paragraphen des Handelsgesetzbuches mit den Abänderungen folgen zu lassen, welche durch die Rücksicht auf die Binnentransporte bedingt sind.

§ 121.

Die Einwendungen, welche in der Denkschrift der Transportversicherer gegen diese Bestimmungen für die Binnenschiffahrt erhoben sind, scheinen nicht gerechtfertigt zu sein. Bei der Seeversicherung bringen die §§ 848 bis 852 beschränkende Klauseln, welche den Umfang der Leistung für jeden Versicherungsfall genau regeln; und es ist ganz angemessen, in derselben Weise auch für die Binnenschiffahrt Vorsorge zu treffen.

Die Einwendungen, welche die Denkschrift in bezug auf die Versicherung der Kollisionshaftpflicht erhebt, sind berechtigt. Der natürlichste Schluß aber, welcher daraus zu ziehen ist, ist der, daß es richtig ist, diese Haftpflicht nach englischer Art in die Kaskopolice überhaupt nicht hineinzunehmen. Dann muß natürlich in die Schlußvorschriften eine Bestimmung hinein, daß Versicherungen der Haftung des Reeders gegenüber Dritten für das Verschulden der Schiffsbesatzung unter dieses Gesetz fallen. Uebrigens dürfte überhaupt, nach Erlaß eines die Haftpflicht einschließenden Gesetzes über den Versicherungsvertrag, eine solche Bestimmung nötig sein, da andernfalls jede Kollisionshaftpflichtversicherung, welche über § 820 Absatz 2 Nr. 7 des Handelsgesetzbuches hinausgeht, unter die Bestimmungen des Haftpflichtversicherungsgesetzes fallen würde, und demzufolge auch unter das Aufsichtsgesetz.

§§ 122 und 123.

Diese beiden Paragraphen werden am besten nach Analogie des § 821 des Handelsgesetzbuches in einen einzigen zusammengezogen, um bei der Gruppierung der verschiedenen Versicherungsarten Wiederholungen zu vermeiden. Es ist übrigens darauf hinzuweisen, daß der Entwurf die sehr wichtige Unterscheidung zwischen der besonderen Kategorie der Versicherungen auf das Schiff oder auf die Güter, und der allgemeinen Kategorie der Versicherungen, welche sich auf das Schiff oder auf die Güter beziehen, fallen gelassen hat. Man darf hierin aber wohl nur ein Versehen in der Redaktion erblicken, denn es kann schwerlich die Absicht des Reichsjustizamtes sein, z. B. den Versicherer eines Pfandrechtes an einem Schiff für gewöhnliche Abnutzung und für Alter, Wurmfraß usw. haften zu lassen.

Die Vorschrift, daß der Versicherer für einen Schaden nicht haftet, welcher durch ein Verschulden des Versicherten entstanden ist, dürfte in diesem Paragraphen zu wiederholen sein; und auch hier darf die Erleichterung auf Vorsatz und grobe Fahrlässigkeit nicht eintreten. Dagegen hätte diese Erleichterung jedenfalls einzutreten in bezug auf die Ablader oder Empfänger; die Einwürfe, welche die Transportversicherer in ihrer Denkschrift dagegen erheben, sind hinfällig. An sich ist es überhaupt nicht einzusehen, warum der Versicherte darunter leiden soll, wenn der Ablader oder Empfänger der Güter sich etwas zuschulden kommen läßt; aber wenn dieser Grundsatz schon aus Gründen größerer Sicherheit beibehalten werden soll, so darf doch unbedenklich wenigstens statt des Verschuldens der Begriff Vorsatz oder grobe Fahrlässigkeit eingeführt werden. In Nr. 3 bedarf es der ausdrücklichen Erwähnung der Versicherung der Fracht oder des imaginären Gewinnes nicht, da diese unter den Begriff einer Versicherung fallen, die sich auf die Güter bezieht.

Dringend notwendig aber ist die beantragte Milderung der bisherigen Bestimmung, daß dem Versicherer bei Kasko- und Frachtversicherungen die Schäden nicht zur Last fallen, welche daraus entstehen, daß das Schiff in einem nicht seetüchtigen Zustande oder nicht gehörig ausgerüstet oder bemannt oder ohne die erforderlichen Papiere (§ 513) in See gesandt ist.

Es ist ohne weiteres klar, daß diese Fälle häufig eintreten können, ohne daß dem Versicherten oder seinem geschäftlichen Vertreter das geringste Verschulden zur Last fällt, und die Anwendung auch auf solche Fälle ist in der Tat in allen Kommentaren und in zahlreichen Gerichtsurteilen ausdrücklich festgestellt. Es bedarf keiner weiteren Erläuterung, daß diese Vorschrift der Rechtsempfindung direkt widerspricht, und tatsächlich ist sie auch erst im Jahre 1853 durch die Versicherer eingeführt worden.

Der § 2031 im Allgemeinen Landrecht, zweiter Teil, achter Titel, lautet:

„Der Versicherte muß ferner, bei gleicher Strafe (nämlich, daß die Assekuranz unverbindlich und die Prämie verfallen ist) dafür sorgen, daß das Schiff zu der vorhandenen Reise in tüchtigen Stand gesetzt und gehörig ausgerüstet werde."

Der Versicherte hat, nach dieser Regelung, also nur für die Seetüchtigmachung des Schiffes *zu sorgen*. Auch der Preußische Entwurf, welcher den Beratungen der Hamburger Seerechtskonferenz zugrunde lag, enthält keine derartige Beschränkung der Haftung des Versicherers; der Entwurf hielt es eben für ausreichend, wenn in seinem § 631, der dem jetzigen § 821 entspricht, die Haftung des Versicherers ausgeschlossen wird, wenn ein Verschulden des Versicherten vorliegt. Ganz besonders charakteristisch für die Art aber, in welcher solche wichtigen Bestimmungen in das Gesetz hineingebracht worden sind, ist die Tatsache, daß diese Bestimmung überhaupt nicht durch ein Amendement zu § 631 des Preußischen Entwurfes beschlossen wurde, sondern ganz nebenbei zu § 625 des Preußischen Entwurfes, bei der Verletzung der Anzeigepflicht; und selbst da haben die Versicherer ihrem ursprünglichen Antrage eine Fassung gegeben, aus der folgte, daß sie nur bei einer Handlung oder Unterlassung des Versicherten von der Haftung befreit sein wollten. Der von ihnen vorgeschlagene Paragraph lautete nämlich:

„Als Verletzung der stillschweigenden Zusagen wird angesehen jede Handlung oder Unterlassung des Versicherten, wodurch die Gefahr eine größere oder andere wird, als der Versicherer bei dem Abschluß des Vertrages voraussetzen mußte.

Dahin gehören insbesondere:

1. „wenn der Versicherte das Schiff in einem nicht seetüchtigen Zustande oder nicht gehörig ausgerüstet oder bemannt, oder ohne die erforderlichen Papiere (Artikel 434) in See sendet;
2. wenn . . . . usw."

Also auch nach diesem Antrage befreite den Versicherer nur eine ausdrückliche Handlung oder Unterlassung des Versicherten (Seite 3170 der Protokolle). In dieser Fassung wurden diese Vorschriften auch angenommen (Seite 3181 der Protokolle). Erst gelegentlich der redaktionellen Feststellung dieser Beschlüsse wurde von der Redaktionskommission ganz nebenbei (Seite 3246 der Protokolle)

„zur Erläuterung dieses im wesentlichen auf redaktionellen Erwägungen beruhenden Vorschlages unter anderem bemerkt, daß von der Seetüchtigkeit des Schiffes hier keine Erwähnung geschehen, vielmehr eine entsprechende Bestimmung in dem Abschnitt von dem Umfang der Gefahr im Entwurfe vorgeschlagen sei, weil der versicherte Reeder für die Seetüchtigkeit seines Schiffes ohne Rücksicht auf eigenes oder fremdes Verschulden unbedingt zu haften habe. Nach kurzer Diskussion wird auch der vorstehende Vorschlag genehmigt."

Auf diese Weise wurde am Schlusse einer langweiligen Redaktionssitzung diese folgenschwere Bestimmung, die in einer kleinen Redaktionskommission einen vollständig anderen Charakter erhalten hatte, durchgedrückt.

In der Erwiderung des Internationalen Transport-Versicherungs-Verbandes auf die Anträge des Vorsteheramtes der Kaufmannschaft zu Danzig bestreitet der Verband die Richtigkeit dieser Ausführungen. Er behauptet, daß die Bestimmungen des Allgemeinen Landrechts und die Rechtsgrundsätze zur Zeit der Geltung der alten Hamburger Havereiordnung von 1731 für den Versicherten viel ungünstiger gewesen wäre, weil der Versicherer bei einem seeuntüchtigen Schiff überhaupt für keinen Unfall gehaftet habe, und nicht nur nicht für diejenigen, welche durch die Seeuntüchtigkeit verursacht wurden. Außerdem wären die Versicherer auch dann von der Leistung frei gewesen, wenn kein Verschulden vorlag. Diese Auffassung scheint nicht richtig zu sein. Aber, selbst wenn sie es wäre, so würde sie nur die hier vertretene Ansicht von der Notwendigkeit einer weiteren Abänderung der gegenwärtigen Rechtslage stützen. Denn bei der Einfachheit der Verhältnisse im 18. und im Anfange des 19. Jahrhunderts läßt sich die Seeuntüchtigkeit eines Schiffes ohne Verschulden des Kapitäns oder Reeders gar nicht denken. Wenn die alten Holzschiffe einen Mangel hatten, der das Schiff seeuntüchtig machte, so war dieser stets bei gewöhnlicher Aufmerksamkeit zu entdecken. Es konnte damals kaum etwas anderes in Betracht kommen, als daß das Holz der Beplankung, des Decks, der Masten angefault, das Segel- oder Tauwerk vergangen, das Schiff nicht gut gedichtet war oder daß etwas Wichtiges an der Ausrüstung fehlte. Wenn nun ein solcher Mangel vorkam, so konnte man sicher sein, daß nicht die genügende Sorgfalt aufgewendet war, daß also auch ein Verschulden vorlag. Als nun die Seerechtskonferenz zusammentrat, lagen die Verhältnisse schon anders. Es gab bereits eine Anzahl eiserner Dampfer, wenn auch nur verhältnismäßig einfacher Konstruktion; die Folge war, daß diese Konferenz es ablehnte, bei jeder Seeuntüchtigkeit des Schiffes den Versicherer von der Leistung zu befreien, und vielmehr den Kausalzusammenhang zwischen der Seeuntüchtigkeit und dem Versicherungsfalle forderte. Seitdem ist nun ein Zeitraum von fünfzig Jahren verstrichen, und die Schiffe, selbst die einfachsten Frachtdampfer, sind heute unendlich komplizierter als damals die ersten Passagierdampfer. Heute ist es auch bei größter Sorgfalt unmöglich, zu wissen, ob nicht irgendwo ein Nietkopf abgesprungen, eine kleine Schraube gebrochen oder ein verborgener Fehler in irgend einer der vielen Wellen, Kolbenstangen usw. vorhanden ist. Selbst wenn es also zur Zeit der Seerechtskonferenz noch gerechtfertigt scheinen konnte, den Reeder mit der Nichtigkeit seiner Versicherung zu bestrafen, wenn auch durch unverschuldete Seeuntüchtigkeit ein Unfall entstand, so ist dies bei dem heutigen Stande der Schiffahrt nicht mehr der Fall. Es kommt hinzu, daß es sich heute bei jedem einzelnen Dampfer um ganz andere Werte handelt wie damals. Unter allen diesen Umständen ist es nicht mehr billig, daß der Versicherer die Leistung verweigern können soll, für die er Prämie erhalten hat, ohne daß den Versicherten das geringste Verschulden trifft.

Einem Verschulden des versicherten Reeders würde bei der Erhaltung des Schiffes, wie § 527 des Handelsgesetzbuches die Sorge für die Seetüchtigkeit nennt, das Verschulden des Kapitäns gleichstehen, weil dieser in den Fällen der §§ 513 und 527 des Handelsgesetzbuches (wie weiter unten bei der Untersuchung des Begriffs der Seetüchtigkeit näher ausgeführt ist) als terrestrer Agent des Reeders handelt. Dagegen ist der Reeder nach § 820 Absatz 2 Nr. 6 für jeden Schaden gedeckt, welcher durch ein Verschulden des Kapitäns als seines maritimen Vertreters entsteht, z. B. bei Ueberladung, zu geringer Ballastung, falscher Stauung usw. (§ 514 des Handelsgesetzbuches). In den Danziger Anträgen war dieser Unterschied nicht genügend hervorgehoben worden.

Das englische Versicherungsrecht, wie es in seiner neuesten Kodifizierung, die demnächst Gesetz werden dürfte (Marine Insurance Bill § 40, 5 nach dem Beschluß des House of Lords), niedergelegt ist, bestimmt ausdrücklich, daß bei Zeitversicherungen keine Garantie dafür besteht, daß das Schiff zu irgend einer Zeit innerhalb des Vertrages seetüchtig sein soll, ausgenommen natürlich bei einem direkten Verschulden des Versicherten. Bei Reiseversicherungen wird eine Seetüchtigkeitsgarantie beim Anfange der Versicherung verlangt. Aber Reiseversicherungen haben in der Kaskoversicherung heute nicht mehr die Bedeutung wie früher. Bei einem gewissen Teile englischer Reiseversicherungen auf Kasko wird überdies ausdrücklich eine Klausel aufgenommen, nach welcher der Versicherer auch im Falle der unverschuldeten Seeuntüchtigkeit haftet.

Es sei gestattet, ein besonders markantes Beispiel für die gegenwärtige deutsche Rechtslage anzuführen:

> Ein Dampfer tritt nach eben abgehaltener Besichtigung, bei der auch die Schwanzwelle genau geprüft und in Ordnung befunden worden ist, seine Reise an. Ohne äußere Veranlassung als etwas Seegang bricht die Schwanzwelle; das Schiff strandet, erleidet schweren Schaden, wird aber eingeschleppt. Die Schwanzwelle wird untersucht und es zeigt sich, daß ein von außen vollkommen unsichtbarer Schmiedefehler die Ursache des ganzen Unfalles gewesen ist. Der Dampfer ist also, ohne das Verschulden irgend jemandes, in einem seeuntüchtigen Zustande in See gegangen, und die Versicherer brauchen alsdann nach § 821, Nr. 1 Absatz 1 die Folgen der Strandung nicht zu bezahlen.

Es empfiehlt sich daher, die beantragte Einschiebung in dem Satze 1 der ersten Nummer dieses Paragraphen anzunehmen.

Sehr lehrreich zur Beurteilung dieses Punktes ist übrigens auch die Frage, warum denn diese Bestimmung über die Nichthaftung des Versicherers für einen Schaden, welcher in kausalem Zusammenhange mit einem inneren Mangel des versicherten Gegenstandes steht, nicht auf eine Versicherung von Gütern Anwendung findet. Warum ist z. B. der Versicherer nicht von der Leistung frei, wenn eine Schiffsladung Kohlen durch Selbstentzündung in Flammen aufgeht? Das Feuer ist ein versicherungsrechtlicher Schaden, aber es steht in kausalem Zusammenhange mit einer inneren Eigenschaft der Ware und ist nicht durch einen äußeren Unfall verursacht. Es ist auch vorgekommen, daß sich Dynamitpatronen in einer Kohlenladung gefunden haben; wenn eine solche sich entzündet und Schiff und Ladung zum Sinken bringt, so wird man einen solchen Schaden auch als verursacht durch eine Eigenschaft der Kohlenladung betrachten müssen. Es ließen sich auch sonst noch manche Fälle denken, wo Schäden, die an sich unter die Versicherung fallen würden, durch einen inneren Mangel der betreffenden Ware verursacht sind; warum soll denn nun der Eigentümer und Versicherer dieser Ware besser gestellt sein, als der Reeder des Schiffes in dem genau analogen Falle, sofern beide ein Verschulden nicht trifft? Man braucht eben nur diesen Punkt vom Standpunkt der Güterversicherung anzusehen, um zu erkennen, daß der Versicherer nur dann von der Leistung frei sein sollte, wenn den Versicherten ein Verschulden trifft.

Die Versicherer lieben es, die Beibehaltung der absoluten Seetüchtigkeitsgarantie mit Gründen öffentlichen Interesses zu verteidigen. Wenn aber, wie die beantragte Fassung es bestimmt, der Versicherte nur entschuldigt ist, wenn er beweist, daß der Mangel trotz Aufwendung jeder Sorgfalt entstanden ist, kann das öffentliche Interesse wohl kaum mehr als Vorwand dienen. Uebrigens ist es sehr bemerkenswert, daß in der von dem Kaiserlichen Aufsichtsamt für Privatversicherung (Veröffentlichungen, 3. Jahrgang, Nr. 1) aufgestellten Mustersatzung für kleinere Kaskoversicherungsvereine die Ausschließung der Haftung des Versicheres bei mangelhafter Seetüchtigkeit nicht aufgenommen ist.

Ferner aber erscheint es dringend nötig, an dieser Stelle eine Definition des Begriffes der Seetüchtigkeit zu geben.

Dieser Begriff lag früher vollständig klar. Die Hamburger Seerechtskonferenz ist nicht dazu gekommen, eine Definition zu geben, da diese ganze Stelle in ihrem jetzigen Sinne, wie oben gezeigt wurde, nur so nebenbei, ohne jede Beratung angenommen ist.

Es finden sich in ihren Protokollen aber immerhin noch einige Stellen, welche ihre Auffassung über den Begriff klarstellen. In bezug auf das, was nicht unter den Begriff der Seetüchtigkeit oder Seeuntüchtigkeit fällt, sind die Seiten 1774 und 1775 beweiskräftig. Sie enthalten die Beratung über Artikel 413 des Preußischen Entwurfes, aus dem § 514 des Handelsgesetzbuches hervorgegangen ist. Hier wurde beantragt „auszusprechen, daß der Schiffer auch dafür verantwortlich sei, daß das Schiff nicht überladen werde". Da heißt es nun auf Seite 1775 oben:

> „Dem Einwande, daß der beantragte Zusatz selbstverständlich sei, müsse man mit der Erwägung begegnen, daß manches andere aufgenommen sei, was nicht weniger selbstverständlich zu sein scheine, z. B. die Hinweise auf die Verbindlichkeiten des Schiffers in Ansehung ordnungsmäßiger Stauung, in Ansehung der Prüfung der Seetüchtigkeit des Schiffes und dergleichen, und daß es deswegen um so bedenklicher sei, gerade die in Rede stehende Obliegenheit des Schiffers im Gesetze mit Stillschweigen zu übergehen."

Infolge dieser Erwägungen wurde dann auch die Verantwortlichkeit des Schiffers „für entsprechende Ballastierung und Garnierung des Schiffes" aufgenommen.

Diese Stelle beweist, daß die Kommission den Begriff der Seeuntüchtigkeit so enge faßte, daß er Ueberladung und ungenügende Beladung sowie unrichtige Stauung nicht einschloß. Daraus folgt, daß der Begriff lediglich das Schiff an sich, ohne Rücksicht auf die Ladung treffen kann; und in der Tat zeigen die Protokolle an einer zweiten Stelle auch positiv, was das Wort bedeuten soll.

Es sind dies die Sitzungen, in denen die Begriffe der Reparaturunwürdigkeit und Reparaturunfähigkeit beraten wurden, welche nachher in § 479 des Handelsgesetzbuches Aufnahme fanden. Es heißt auf Seite 4070 in der Mitte:

„Von anderen Seiten wurde bemerkt: Wenn der Vorschlag der Redaktionskommission angenommen werde, gehe der Zweck der betreffenden Bestimmung insoweit verloren, als die fragliche Definition nur in denjenigen Fällen Anwendung leiden würde, in welchen das Gesetz von der Reparaturunfähigkeit eines seeuntüchtigen Schiffes spreche, während in denjenigen Artikeln, auf welche es bei der Beratung vom 13. April abgesehen gewesen sei, des Erfordernisses der Seeuntüchtigkeit nirgends Erwähnung geschehe. Von dieser Seite wurde deshalb vorgeschlagen, den Eingang, wie folgt, zu fassen: „Ein Schiff wird als reparaturunfähig angesehen, wenn es seeuntüchtig geworden und" usw.

Es wurde jedoch eingewendet, in allen hier einschlagenden Artikeln sei unzweifelhaft vorausgesetzt, daß das Schiff ohne Reparatur See zu halten nicht imstande sein würde, oder was im Grunde dasselbe sei, daß es seeuntüchtig geworden, daß es überhaupt also der Reparatur bedürfe; es verstehe sich z. B. von selbst, daß von Aufhebung des Frachtvertrages dann nicht die Rede sein könne, wenn sich das Schiff in einem, wenngleich beschädigten, doch die Fortsetzung der Reise gestattenden Zustande an einem Orte befinde, an welchem es nicht würde repariert werden können, wenn die erforderliche Reparatur nicht länger ausgesetzt werden dürfe."

In demselben Sinne steht auf Seite 3994—3995 bei der Beratung über denselben Gegenstand:

„Der in Rede stehende Antrag auf Feststellung des Begriffes der Reparaturunwürdigkeit beruhe, was die Wirkungen der letzteren auf die Fortdauer des Frachtvertrages angehe, auf der Voraussetzung, daß der Verfrachter nicht allein beim Antritt der Reise ein seetüchtiges Schiff zu liefern, sondern auch dasselbe stets in diesem Zustande zu erhalten, also nach eingetretener Beschädigung wieder herzustellen und zu diesem Zwecke aus seinem Vermögen alle erforderlichen Nachschüsse zu machen schuldig sei, selbst wenn diese Nachschüsse die Höhe des Wertes des Schiffes erreichen würden. Eine solche Verpflichtung, die fortune de mer stets von neuem zu ergänzen, so oft sich ein Unfall ereignen möge, erscheine aber dann, wenn die Wiederherstellung des Schiffes durch einen Zufall notwendig geworden, ganz ungerechtfertigt. Der Reeder habe seinen Verpflichtungen aus dem Kontrakte Genüge getan, wenn er ein seetüchtiges Schiff geliefert habe. Ob er nachher zur Wiederherstellung desselben Nachschüsse machen oder das Schiff als reparaturunwürdig behandeln wolle, müsse, abgesehen von dem Falle, wenn er die Reparaturkosten durch Bodmerei und dergleichen aufzubringen vermöge, ihm überlassen bleiben."

Und dann weiter Seite 3995:

„Es wurde jedoch eingewendet: Die Verpflichtungen des Verfrachters seien damit keineswegs erschöpft, daß er für den Antritt der Reise ein seetüchtiges Schiff zu liefern habe, es könne vielmehr keinem Zweifel unterliegen, daß er nach der Natur des Frachtvertrages den bedungenen Transport auszuführen habe, sollten dazu auch infolge eines nicht vorhergesehenen Unfalles besondere Aufwendungen, namentlich also Reparaturen des Schiffes, nötig werden."

Aus allen diesen Stellen folgt, daß die Kommission unter einem seeuntüchtigen Schiffe ein solches verstand, welches einer Reparatur bedürfe, ohne die es die See nicht halten kann.

Es handelt sich also ausschließlich um einen technischen Mangel des Schiffskörpers und seines Zubehörs, ohne Rücksicht auf die Beladung. Mit anderen Worten, man wird die Definition der Bremischen Versicherungsbedingungen von 1875 als maßgebend ansehen dürfen, welche im § 36 lauten:

„. . . . . . und ist der Reeder dafür verantwortlich, daß das Schiff seefähig sei, d. h. daß es dicht, fest, wohl kalfatert und mit allem Nötigen in seiner Ausrüstung versehen sei, um die vorhabende Reise antreten und mit Sicherheit Güter über See bringen zu können."

Aber diese Definition ist auch für die jetzt geltenden Hamburger Seeversicherungsbedingungen maßgebend. Die heutigen Hamburger Bedingungen von 1867 beruhen auf dem Entwurf von 1864, welcher den § 821 des Handelsgesetzbuches in seinem § 69 enthält. Dieser wieder beruht auf dem Entwurf von 1863, und dieser wieder ist entworfen auf Grund des Handelsgesetzbuches und des Revidierten Allgemeinen Planes von 1853. In diesem 1863er Entwurf hat der betreffende Paragraph die Nr. 61, und er entspricht in seinem Wortlaut bereits ungefähr der heutigen Fassung. Wie alle übrigen Paragraphen enthält er als Ueberschrift den Hinweis auf den betreffenden Paragraphen des Handelsgesetzbuches und die entsprechenden Paragraphen des Allgemeinen Planes von 1853. Unter letzteren Paragraphen befindet sich der § 47, welcher lautet:

„Der Versicherte auf Kasko oder Fracht übernimmt gegen den Versicherer die Verpflichtung, daß das Schiff seefähig sei, d. h. daß es dicht, hecht, wohl kalfatert, mit allem Nötigen in seiner Ausrüstung versehen sei, um die vorhabende Reise antreten und mit Sicherheit Güter über See bringen zu können. Zeigt sich nach Abschluß der Versicherung und bevor das Schiff in See geht, ein Umstand, der obigen Bestimmungen widerspricht, so ist der Versicherte verpflichtet, die desfallsige Reparatur auf seine Kosten vorzunehmen."

Daß diese Definition auch nach Ansicht der Hamburger Versicherer für den jetzigen § 70 der Allgemeinen Seeversicherungsbedingungen maßgebend sein soll, zeigt überdies noch Anhang III, Seite 83 der Ausgabe von 1891, der ausdrücklich als „Nachweis des Inhalts der Paragraphen des „Revidierten Allgemeinen Plans von 1853" in den Paragraphen der „Allgemeinen Seeversicherungsbedingungen von 1867" " bezeichnet ist. Danach ist § 47 des Allgemeinen Plans in § 70 der Allgemeinen Seeversicherungsbedingungen enthalten.

Aber auch die Grundsätze, von denen das Handelsgesetzbuch in bezug auf den Seeversicherungsvertrag ausgeht, gestatten keine erweiterte Auffassung dieses Begriffes.

Es sind in § 821, Nr. 1, Absatz 1 ausschließlich die Fälle des § 513 erwähnt, und dieser Paragraph ist sogar ausdrücklich angezogen. In § 513 sind die Pflichten des Kapitäns für diejenigen Fälle festgestellt, wo er als terrestrer Agent des Reeders auftritt. Seine Befugnisse als solcher sind in § 527 und folgende näher bezeichnet; die §§ 513 und 527 entsprechen einander fast vollständig. Die Haftung des Reeders gegenüber Dritten ist für diese Fälle in § 486, Absatz 1, Nr. 1 ausgesprochen (vergleiche Makower, Anmerkung 3 zu § 486).

Dagegen sind die Pflichten des Kapitäns als maritimer Agent des Reeders in § 514 festgestellt; seine Befugnisse als solcher finden sich in §§ 535 bis 542; und die Haftung des Reeders in diesen Fällen Dritten gegenüber ist in § 486, Absatz 1, Nr. 2 niedergelegt.

Nun hat das Seeversicherungsrecht den Grundsatz, daß dem Versicherten sein geschäftlicher Vertreter gleichsteht; daß aber der Kapitän nur da als geschäftlicher Vertreter des Reeders gilt, wo er sein terrestrer Agent ist, nicht aber da, wo er sein maritimer Agent ist (Protokolle Seite 4319). Demgemäß befreit das Gesetz den Versicherer von der Haftung bei solchen Mängeln, welche der Kapitän als terrestrer Vertreter des Reeders zu vertreten hat (§ 821, Nr. 1, Absatz 1 in Verbindung mit §§ 513, 527 und 486, Absatz 1, Nr. 1). Dagegen läßt es den Versicherer haften selbst bei Verschulden des Kapitäns als maritimen Vertreters des Reeders (§ 820, Absatz 2, Nr. 6, in Verbindung mit § 486, Absatz 1, Nr. 2, §§ 535—542 und 514).

Auf diesem Wege aber führt das Handelsgesetzbuch ganz direkt auf die Definition der Seetüchtigkeit im versicherungsrechtlichen Sinne. Es lautet nämlich der erste Absatz des § 527, welcher die Hauptbefugnis des Schiffers als terrestrer Agent des Reeders aufstellt:

„Befindet sich das Schiff außerhalb des Heimatshafens, so ist der Schiffer Dritten gegenüber kraft seiner Anstellung befugt, für den Reeder alle Geschäfte und Rechtshandlungen vorzunehmen, welche die Ausrüstung, die Bemannung, die Verproviantierung und die Erhaltung des Schiffes, sowie überhaupt die Ausführung der Reise mit sich bringen."

Dieser Wortlaut deckt sich fast mit dem des § 513; so daß in § 527 „die Erhaltung des Schiffes" dem Ausdruck „in seetüchtigem Stande" in § 513 entspricht. Eine deutlichere Definition für den versicherungsrechtlichen Begriff der Seetüchtigkeit dürfte kaum beizubringen sein (vergl. auch Makower, Anmerkung 4b zu § 527).

Nun hat sich aber im Verhältnis des Reeders, oder vielmehr des Verfrachters, zu den Ladungsinteressenten eine Erweiterung des Begriffes der Seetüchtigkeit herausgebildet, welche vielfach als relative Seetüchtigkeit bezeichnet wird. Darunter versteht man die Geeignetheit des Schiffes mit der betreffenden Ladung, die das Schiff fahren soll, die Gefahren der bevorstehenden Reise ohne Gefährdung für Schiff und/oder Ladung zu bestehen. Diese erweiterte Art der Seetüchtigkeit verlangt das Handelsgesetzbuch im § 559, als Pflicht des Verfrachters gegenüber dem Befrachter. Aber eben den Umstand, daß dieser Begriff der relativen Seetüchtigkeit unter den sehr häufigen Rechtsstreitigkeiten zwischen Verfrachtern und Befrachtern beständig weiter ausgebaut wurde, benutzten die Versicherer dazu, den versicherungstechnischen Begriff der Seetüchtigkeit, wie er im § 821 angewandt ist, zu verdunkeln. Sie versuchten Fälle von relativer Seetüchtigkeit unter den § 821 zu bringen und kürzlich hat sogar das Hanseatische Oberlandesgericht in dem Pinus-Falle erklärt, wenn auch nur in einer Nebenbemerkung, daß das Schiff wegen des Nichtsetzens der vorhandenen Längsschotten bei Getreideladung, also wegen falscher Stauung, als seeuntüchtig im Sinne des § 821 zu betrachten sei. Diese Auffassung ist nach dem Sinne, sowie dem Wortlaute des Handelsgesetzbuches offenbar unzutreffend. Das Erkenntnis des Reichsgerichts, das die Transportversicherer in ihrer Erwiderung auf die Danziger Anträge anführen, betrifft, wie dort leider nicht bemerkt ist, einen Fall des Seefrachtrechts, nicht des Seeversicherungsrechts. Auch hat früher das Hanseatische Oberlandesgericht (Hanseatische Gerichtszeitung, Band IV, Seite 291) festgestellt, daß der Begriff der Ueberladung unter dem Begriffe der Seeuntüchtigkeit nicht enthalten sei, sondern daß dies zwei getrennte Begriffe seien. Mit Rücksicht darauf aber, daß dasselbe Oberlandesgericht später den hier als unrichtig dargelegten Standpunkt eingenommen hat, ist es unbedingt notwendig, den Begriff der Seetüchtigkeit zu definieren, wie es als Zusatz zu dem ersten Satze der Nummer 1 des § 821 beantragt ist (vergl. auch Schaps, Kommentar zum Seerecht, Anm. 3 und 5 zu § 513, Anm. 7 zu § 527.).

§ 124.

Die Vorschriften dieses Paragraphen dürfen nicht auf die Versicherung von Gütern beschränkt werden, sondern müssen auf alle Versicherungen ausgedehnt werden, welche sich auf Güter beziehen, also z. B. Provisionen, imaginärer Gewinn usw. Sonst müßte man annehmen, daß der Gesetzgeber die Versicherungsdauer für diese gar nicht hätte regeln wollen.

Die Bestimmung, daß die Versicherung auch für die einstweilige Verwahrung, die unter Umständen monatelang dauern kann, gelten soll, geht zu weit; für solche Fälle muß die Prämie besonders vereinbart werden; sonst müßten ja die Versicherer die Prämie allgemein nach dem höheren Risiko bewerten. Dagegen ist es bei den Verhältnissen, die heute in der Seeschifffahrt herrschen, notwendig, daß auch für die Seeversicherung die Bestimmung dieses Paragraphen adoptiert werde. Selbstverständlich schließt der Ausdruck: „Annahme zur Beförderung" nicht aus, daß die Güter eine übliche kurze Zeit am Lande gelagert werden, bis das Beförderungsmittel zur Stelle ist.

Zum Schutze der Versicherer ist, wie die Denkschrift der Transportversicherer richtig ausführt, die Aufnahme des 824, Absatz 2 des Handelsgesetzbuches erforderlich, allerdings unter Fortlassung der Gleichstellung des Abladers und Empfängers mit dem Versicherer in bezug auf eine verschuldete Verzögerung. Denn es ist in der Tat nicht einzusehen, weshalb der Versicherte unter deren Nachlässigkeit leiden soll.

§ 126.

Diese Vorschrift entspricht dem § 824, Absatz 3 des Handelsgesetzbuches und muß für die ganze Transportversicherung Anwendung finden, und zwar ohne die Beschränkung der jetzigen handelsgesetzlichen Bestimmung, also nicht nur bei der Beladung und Ausladung. Es erscheint richtig, die Anwendung dieses Satzes auf die Versicherung von Gütern zu beschränken, da die Versicherung anderer Interessen als des Eigentumsinteresses an den Gütern ebenso einen erhöhten Schutz braucht, wie dies in bezug auf das Schiff der Fall ist. Denn die Inhaber solcher anderen Interessen können nicht in gleicher Weise auf die Güter einwirken, wie der Eigentümer.

§ 127.

Hier ist es nötig die Fälle auszuschließen, in denen der Versicherte entweder dem Aufgeben der Reise des Schiffes durch den Frachtvertrag zugestimmt hat, oder sich sonst mit dem Aufgeben einverstanden erklärt hat. Weitergehende Aufklärungen für den Versicherten, wie sie die Denkschrift der Transportversicherer verlangt, eignen sich kaum für die Aufnahme in das Gesetz, da ja die Rechtslage ganz klar ist. Dagegen ist für die Fälle der Zustimmung der Versicherten der § 128, Absatz 3 aufzunehmen.

§ 128.

Zunächst muß auch dieser Paragraph nicht nur die Kaskoversicherung — Versicherung eines Schiffes — regeln, sondern alle Versicherungen, welche sich auf das Schiff beziehen. Sodann ist mit Rücksicht auf die Seeversicherung außer der Ladung noch der Ballast zu erwähnen. Endlich ist aus § 72, Absatz 1 der Allgemeinen Seeversicherungsbedingungen die Bestimmung für den Fall einer Reise ohne Ladung oder Ballast zu übernehmen.

§ 128a.

Hier sind die §§ 832 und 833 des Handelsgesetzbuches, welche die Seeversicherung nicht entbehren kann, aufzunehmen.

§ 128b.

Die Seeversicherung bedarf einer Vorschrift nach Art des § 76 der Allgemeinen Seeversicherungsbedingungen, um ausdrücklich festzustellen, daß bei einer Versicherung auf mehrere Reisen die Gefahr ununterbrochen fortläuft. Dieser Fall kann übrigens auch bei der Binnenversicherung vorkommen.

§ 128c.

Die in § 826 des Handelsgesetzbuches enthaltene Vorschrift bedarf der Aufnahme in dieses Gesetz, und ist daher an dieser Stelle eingefügt.

§ 129.

Es ist erforderlich, für die Zeitversicherung die allgemeine Bestimmung des § 827 Absatz 1 des Handelsgesetzbuches aufzunehmen, auch wenn sie selbstverständlich sein sollte. Dann kann der § 129 des Entwurfes folgen; mit Rücksicht auf die Seeversicherung sind dann noch die beiden letzten Absätze des § 831 des Handelsgesetzbuches, die Verschollenheit betreffend, aufzunehmen.

§ 129a.

In der Transportversicherung würde ein Kündigungsrecht des Versicherers wegen Veräußerung der versicherten Sachen offenbar zu schweren Schädigungen des Versicherten führen können, und ebenso die Kündigung wegen Eintritt des Versicherungsfalles. Beide Kündigungsrechte werden mit zwingender Kraft auszuschließen sein. Nur eine Ausnahme scheint berechtigt zu sein, nämlich bei Zeitversicherungen auf Kasko oder Fracht. Hier muß der Versicherer sich vorbehalten dürfen, ein Kündigungsrecht im Falle des Verkaufes zu bedingen. Dann ist auch die Bestimmung des § 900 Absatz 2 des Handelsgesetzbuches überflüssig. Das Kündigungsrecht infolge einer Gefahrveränderung ohne Zutun des Versicherten ist infolge der Streichung der §§ 23 und 24 fortgefallen. Absatz 3 findet auch im Falle des § 12 Anwendung.

§§ 129b—g.

Hier sind die durch § 134 aufgenommenen Vorschriften des Handelsgesetzbuches über die große Haverei in dies Gesetz einzufügen, die in den Abschnitt vom Umfang der Gefahr gehören.

§ 129h.

Hier folgt die aus § 134 übrig bleibende Vorschrift für die Binnenschiffahrt.

§ 129i.

Dem Zusammenhang nach muß der dem § 840 Absatz 3 des Handelsgesetzbuches entsprechende § 135 des Entwurfes hier folgen.

§§ 129j und k.

Diese beiden Paragraphen (§§ 841 und 842 des Handelsgesetzbuches), welche das Abandonrecht des Versicherers regeln, sind von der „Denkschrift“ mit Recht auch für die Binnenversicherung verlangt.

§§ 129l—n.

Diese Paragraphen (§§ 845—847 des Handelsgesetzbuches) sprechen die Befreiung von kleinen Schäden aus. Vielleicht werden sie nur auf die Seeversicherung zu beschränken sein, falls nicht die Rücksicht auf durchstehende Risiken ihre Geltung auch für die Binnenversicherung erwünscht erscheinen läßt.

§§ 129o—t.

Hier werden die Auslegungen der üblichen Befreiungsklauseln gegeben. Sie stehen als §§ 848—853 im Handelsgesetzbuche.

Versicherungswert.

§ 130.

Von den Vorschriften dieses Paragraphen wird der letzte Absatz nach dem Abschnitte über den Schaden (§ 137v) zu übertragen sein.

§ 131.

Im ersten Absatz empfiehlt es sich, zur besseren Klarstellung hinter „Schiff“ noch hinzuzufügen: „mit Zubehör“.

Der zweite Absatz muß in den Abschnitt vom Schaden überführt werden (§ 137s).

§§ 131a—f.

Mit Rücksicht auf die Seeversicherung ist es nötig, hier die Bestimmungen der §§ 796—798 und 801—803 des Handelsgesetzbuches aufzunehmen. § 799 ist durch § 130 ersetzt, und § 800 dürfte als selbstverständlich fortzulassen sein. Dagegen empfiehlt es sich, die Auslegungsregel des § 21 Absatz 3 der Allgemeinen Seeversicherungsbedingungen in das Gesetz zu übernehmen.

§§ 132 und 133.

Siehe Begründung zu § 129a, und § 63.

§ 134.

Die §§ 835—839 des Handelsgesetzbuches sind als §§ 129c—g aufgenommen; der Rest ist in § 129b und § 129h enthalten.

§ 135.

Diese Bestimmung ist als § 129i aufgenommen.

§ 136.

Diese Bestimmung scheint ganz überflüssig zu sein. Die Begründung bezieht sich auf § 818 des Handelsgesetzbuches; aber wenn dieser Paragraph auch nur von „jedem Unfall" spricht, so ist doch aus dem Nachsatz klar zu ersehen, daß nur ein Versicherungsfall gemeint sein kann. Hätte das Handelsgesetzbuch den Paragraphen in so weitem Sinne verstanden, wie die Motive es haben wollen, so wäre das zweifellos deutlicher ausgedrückt worden. Die Gründe, welche die Motive für diesen Paragraphen anführen, sind auch keineswegs überzeugend. Dagegen würden fortwährende Streitigkeiten über die „Erheblichkeit" die Folge sein.

§ 137.

Die Verjährung ist bereits in § 10 geregelt, der auch den Anfang der Verjährung in ausreichender Weise bestimmt. Dieser Paragraph kann daher fortfallen.

Der Schaden.

§§ 137a—z.

Es ist unbedingt erforderlich, den fünften Titel des Handelsgesetzbuches zum Vorbilde zu nehmen und auch in diesem Gesetz die Vorschriften über den Umfang des Schadens zusammenzufassen, da diese Bestimmungen sonst in den Versicherungsschein oder in die Allgemeinen Versicherungsbedingungen aufgenommen werden müßten.

A. Totalverlust.

§§ 137a—r.

Diese Paragraphen enthalten die Bestimmungen über den Totalverlust, und zwar §§ 137a—g über den tatsächlichen Totalverlust, und die §§ 137h—r über den konstruktiven Totalverlust (Abandon).

§§ 137a—g.

(§§ 854—860 des Handelsgesetzbuches.) Die Vorschriften über den tatsächlichen Totalschaden sind ohne weiteres dem Handelsgesetzbuche zu entnehmen; infolge der Festlegung vieler Begriffe durch die Rechtsprechung wird auch eine Modernisierung der Redaktion sehr vorsichtig zu Werke gehen müssen. Von § 859 des Handelsgesetzbuches darf nur der erste Absatz übernommen werden, da Absätze 2 und 3 schon durch § 61 geregelt sind. Zu § 137e vgl. Begründung zu §§ 131a—f.

§§ 137h—r.

(§§ 861—871 des Handelsgesetzbuches.) Diese Paragraphen handeln vom Abandon (constructive total loss nach englischem Recht), einem Totalverlust des versicherten Gegenstandes, welcher nicht auf den in § 854 des Handelsgesetzbuches angeführten Gründen, sondern auf einer juristischen Konstruktion beruht, insofern als die Möglichkeit seines Eintrittes gegeben ist, sobald der Totalverlust des versicherten Gegenstandes unabwendbar erscheint. Um den Eintritt tatsächlich herbeizuführen, bedarf es noch einer Erklärung des Versicherten gegenüber dem Versicherer, daß er den Fall als eingetreten ansehe, nämlich der Abandonanzeige.

Dieses Abandonrecht umfaßte früher alle Fälle, auf welche das Unterscheidungsmerkmal zutrifft, daß ein Totalverlust unabwendbar erscheint, und zwar mit der vernünftigen Maßgabe, daß die Unabwendbarkeit auch dann als eingetreten gilt, wenn zwar Maßregeln zur Abwendung noch physisch als möglich erscheinen, aber mehr kosten würden als der Wert des wiederhergestellten Gegenstandes nach seiner Wiederherstellung betragen würde, das heißt also, wenn die Anwendung dieser Maßregeln wirtschaftlich unvernünftig sein würde.

Das Allgemeine Landrecht enthält die Vorschriften über das Abandonnieren in den §§ 2300—2329 des zweiten Teiles. Ganz folgerichtig kommt erst das Abandonnierungsrecht des Versicherers (§§ 2301—2303; zu vergleichen §§ 841 und 842 des Handelsgesetzbuches) und das dann genau entsprechende Recht des Versicherten (§§ 2304—2329; zu vergleichen §§ 861—871 des Handelsgesetzbuches). Der sehr wesentliche Unterschied zwischen dem Landrecht und dem jetzigen Handelsgesetzbuche ist aber der, daß das Landrecht einen allgemeinen Paragraphen (2304) enthält, welcher lautet:

„Der Versicherte kann sich seiner Verbindlichkeit, zur Rettung der versicherten Sachen ferner allen Fleiß und Mühe anzuwenden, nur in dem Falle entziehen, wenn bei Seeversicherungen ein Totalschaden höchstwahrscheinlich ist, und dies durch gehörig beigebrachte Beweise dargetan wurde;" und § 2309: „in allen Fällen des § 2304 kann der Versicherte dem Versicherer andeuten, daß er ihm die versicherten Sachen überlasse, und dagegen die Zahlung der gezeichneten Summe von ihm verlange."

Unter die besonders aufgeführten Fälle ist natürlich auch der Fall der Reparaturunwürdigkeit aufgenommen. Auch der Preußische Entwurf (Art. 653) sieht wenigstens in diesem Falle das Abandonrecht vor.

Während nun so das frühere Recht dem Versicherten das Abandonnierungsrecht in gleichumfassender Weise einräumt, wie dies heute noch in allen fremden Versicherungsrechten geschieht, haben die Norddeutschen Versicherer es im Jahre 1858 verstanden, die wichtigsten Fälle zu eliminieren, und das Recht nur in der Beschränkung auf zwei Schadensklassen übrig zu lassen, bei denen seine Anwendung überhaupt nicht vermieden werden kann.

Es ist daher hohe Zeit, dieses alte Recht der Versicherten wieder in dem alten Umfange herzustellen; wenn einzelne Versicherungsgesellschaften dieses Risiko nicht übernehmen wollen, so können sie ja entsprechende Abmachungen in der Police treffen, aber der Reeder weiß dann auch, woran er ist.

Das einzige Argument, abgesehen von der Erklärung, daß das Abandonrecht im früheren Umfange ihnen schädlich sei, welches die Versicherer dagegen anführen, ist, daß es überflüssig sei, wegen der Interessengemeinschaft, welche in solchen Fällen zwischen Versicherern und Versicherten herrsche. Aber dies ist ein Trugschluß.

Ein Schaden, der dem Versicherten Anlaß zur Ausübung des Abandonrechtes geben kann, besteht meist aus einem Havarie Grosse Schaden und einer besonderen Haverei, einer Reparatur. Wenn auch beides zusammen auf mehr als die versicherte Summe kommt, wenn man die vom Versicherten zu zahlenden Beträge annimmt, so wird dies in vielen Fällen nicht zugleich für den Versicherer der Fall sein; und zwar nicht nur wegen des Abzuges von einem Drittel alt für neu, den der Versicherer bei einer besonderen Haverei zu machen befugt ist, sondern auch deshalb, weil, wie zu § 57 des Entwurfes näher ausgeführt worden ist, in sehr vielen Fällen die hauptsächlich von den Sachverständigen des Versicherers ausgeführten Taxen, die stets das Maximum der Verbindlichkeit des Versicherers bei Reparaturen bilden, dem Versicherten häufig nicht seinen ganzen Schaden ersetzen. Der Versicherer wird also heute nur da freiwillig bereit sein, aus eigenem Interesse eher einen Totalschaden zu bezahlen, als die Wiederherstellungskosten, wenn es sich um einen ganz eklatanten Fall handelt.

Aber noch aus einem anderen Grunde wird der Fall eines Interessengegensatzes zwischen Versicherer und Versichertem immer häufiger, und macht es deshalb immer nötiger, auch dem Versicherten feste Rechte in die Hand zu geben. Es ist nämlich Tatsache, daß es immer mehr Gebrauch wird, daß Reeder ihre Schiffe nur teilweise versichern, und einen oft sehr erheblichen Teil der Gefahren selbst laufen. Diese uneigentlich sogenannte Selbstversicherung kann eine mehrfache sein: der Reeder kann das Schiff nur ganz oder teilweise gegen Totalverlust decken, gegen besondere Haverei aber ungedeckt lassen, oder umgekehrt oder beides. Der Fall, daß er ganz unversichert fährt, scheidet aus dieser Betrachtung natürlich aus; aber die anderen Fälle müssen einzeln erwogen werden.

Der Reeder, welcher gegen besondere Haverei teilweise oder ganz gedeckt ist, gegen Totalverlust aber gar nicht, scheidet ebenfalls aus, denn er hat naturgemäß am Abandonrechte kein Interesse. Uebrigens dürfte dieser Fall nicht oft vorkommen.

In Betracht kommen aber diejenigen Fälle, in denen das Schiff gar nicht oder teilweise gegen besondere Haverei und teilweise oder ganz gegen Totalverlust versichert ist. Je geringer die Deckung gegen besondere Haverei im Verhältnis zu der gegen Totalverlust ist, um desto größer ist das Interesse der Versicherten, in sehr schweren Fällen ein Abandonrecht zu haben, und es ist eigentlich nicht einzusehen, warum die Versicherer sich gegen dessen Einräumung sträuben, da sie ja doch in der Lage sind, die Prämie stets nach dem Risiko zu bemessen. Im übrigen aber dürfte es keinem Zweifel unterliegen, daß das Unversichertfahren vom gemeinwirtschaftlichen Standpunkte aus jede Ermutigung verdient; welchen Einfluß die Versicherer selbst diesem Verfahren zuschreiben, zeigt die Tatsache, daß sie in solchen Fällen die Prämie um einen hohen Bruchteil, bis zu einem Siebentel, billiger normieren. Die gegen bisher erweiterte Definition ist in § 137 h (entsprechend § 860 des Handelsgesetzbuches) aufgenommen; in § 137 k (entsprechend § 864 des Handelsgesetzbuches) ist eine dadurch erforderliche Fristbestimmung eingefügt.

B. Teilschaden.

§§ 137 s—z.

Hier sind die Bestimmungen über die Teilschäden vereinigt, aus dem Entwurf sind § 131 Absatz 2 und § 130 Absatz 3 übernommen; aus dem Handelsgesetzbuche die §§ 873—880.

§ 137 s.

Die §§ 709 und 710 des Handelsgesetzbuches sind veraltet. Es empfiehlt sich daher, die Abzüge in einer den heutigen Zeitverhältnissen entsprechenden Weise abzuändern.

§ 137 t.

In diesem Paragraphen, der dem § 873 des Handelsgesetzbuches entspricht, ist ein Zusatz wünschenswert. Dieser Paragraph behandelt den Uebergangsfall, daß der Teilschaden am Schiff so groß ist, daß er in seiner tatsächlichen Bedeutung zu einem Totalschaden wird. Gegen die Anwendung dieses Paragraphen, wenigstens soweit er die Reparaturunwürdigkeit betrifft, haben sich die Versicherer stets auf das heftigste gesträubt. Die Hamburger Allgemeinen Seeversicherungsbedingungen von 1867 haben ihn ganz beseitigt; und auch die Bremer Bedingungen haben seine Gültigkeit sehr beschränkt. Es sprechen für ihn aber dieselben Gründe, welche bei § 137 h zugunsten der Ausdehnung des Abandonrechtes angeführt sind; und tatsächlich wird es viele Fälle geben, die unter beide Paragraphen fallen können. Je weniger sich also voraussichtlich die Reeder seine Streichung des ferneren gefallen lassen dürften, insbesondere wenn sie erst aus der Police werden ersehen können, daß er verstümmelt ist, um so wichtiger ist es, daß seine Anwendung möglichst klar gestellt wird. Nun leidet er aber unter einer Schwierigkeit. Er beruht in bezug auf das Verfahren auf § 530 des Handelsgesetzbuches, und in sachlicher Beziehung auf § 479 des Handelsgesetzbuches. Dieser letztere erklärt ein Schiff für reparaturunwürdig, wenn die Kosten der Reparatur ohne Abzug für den Unterschied zwischen alt und neu mehr betragen würden als drei Viertel seines früheren Wertes. Hier ist es nun häufig schon zweifelhaft gewesen, ob zu den Reparaturkosten die Kosten der Hinschaffung des Schiffes nach dem Platze mitzurechnen sind, wo die Reparatur ausgeführt werden kann. Es sollte dies eigentlich selbstverständlich sein, aber verschiedene Stellen in den Protokollen der Hamburger

Seerechtskonferenz haben manche Kommentatoren zu einer gegenteiligen Ansicht geführt. Es ist daher notwendig, die Sache zu regeln. Befindet sich das Wrack in einem kleinen Hafen, der kein Trockendock hat, welches zur Reparatur erforderlich ist, und kostet das Schleppen nach einem Nachbarhafen, wo sich ein solches befindet, zehntausend Mark, so müssen offenbar diese zehntausend Mark zu den Reparaturkosten bei deren Schätzung hinzugezählt werden; dasselbe gilt für die Bergungskosten, wenn das Schiff auf Strand sitzt; sie gehören offenbar auch zu den Reparaturkosten, denn ohne ihre Aufwendung kann ja die Reparatur nicht vorgenommen werden. Dabei müßte noch ausgesprochen werden, obwohl es selbstverständlich ist, daß die Hinzurechnung stattfinden muß, auch wenn diese Kosten bereits bezahlt sind.

§ 137 v.

Die in der Denkschrift der Transportversicherer gegen die Bestimmung des Absatzes 3 erhobenen Bedenken erscheinen nicht gerechtfertigt. Die Vorschriften in § 133 Absatz 5 der Allgemeinen Seeversicherungsbedingungen über den Ersatz des Versicherungswertes durch eine Taxe im Falle des Verkaufs am Bestimmungsorte genügen nicht der Billigkeit, und widersprechen direkt den Grundsätzen über den Versicherungswert in der Transportversicherung. Genau dieselben Gründe, welche in der Denkschrift angeführt sind, lassen sich auch für alle anderen Schäden in der Transportversicherung anführen, insbesondere auch beim Totalverlust des Schiffes und der Güter. Tatsächlich wird nach § 875 Absatz 2 des Handelsgesetzbuches, welcher in den § 137 v aufgenommen werden muß, die teilweise Beschädigung der Güter lediglich als Totalverlust reguliert: die beschädigten Güter werden verkauft, der Erlös geht an den Versicherer und der Versicherer zahlt die Versicherungssumme laut Taxe auf den verkauften Teil der Güter. Es ist genau dasselbe Verfahren, als wenn bei einem Totalverlust des Schiffes das Wrack verkauft wird; der Versicherer erhält den Erlös und zahlt die Versicherungssumme. Ein logischer Unterschied zwischen beiden Fällen ist nicht ersichtlich.

Schlußvorschriften.

§§ 176 a und b.

Die Vorschriften der §§ 677 und 780 des Handelsgesetzbuches und § 4 Absatz 3 des Binnenschiffahrtsgesetzes bedürfen der Aufnahme in dieses Gesetz; und da sie an keine andere Stelle recht hinpassen, sind sie hier eingefügt.

§ 177.

Hier wäre für die Rückversicherung auszusprechen, daß bei ihr jede Vorschrift des Gesetzes abgeändert werden könne. Damit ist auch zugleich den Wünschen der Versicherer Rechnung getragen, die Rückversicherung als Versicherung zu bezeichnen, was im übrigen auch schon in den §§ 17 a, Nr. 7, 137 k Absatz 3 geschehen ist. Warum aber die laufende Versicherung, wenn sie eine einfache Transportversicherung zum Inhalt hat, und nicht Rückversicherung ist, anders gestellt sein soll als jede andere Transportversicherung, ist nicht verständlich. § 18 a gibt für sie eine besondere Vorschrift.

Die in den Motiven gegebene Begründung erscheint, abgesehen von der Laufenden Rückversicherung, nicht stichhaltig.

§ 178.

Wenn die zwingenden Bestimmungen, welche in dem vorliegenden Antrage enthalten sind, bestehen bleiben, dürfte auch den Bedürfnissen der Binnenschiffahrt genügt sein. Deshalb könnte dieser Paragraph wohl gestrichen werden.

§§ 179—183.

Diese Bestimmungen sind im Transportversicherungsgesetz entbehrlich.

Verzeichnis

der

Seeversicherungsparagraphen des Handelsgesetzbuches und der entsprechenden Paragraphen des vorstehenden Entwurfes.

Handelsgesetzbuch	Transportversicherungsgesetz-Entwurf	Handelsgesetzbuch	Transportversicherungsgesetz-Entwurf	Handelsgesetzbuch	Transportversicherungsgesetz-Entwurf
778	—	820	121	862	137 i
779	—	821	122, 123	863	137 j
780	176 a	822	61	864	137 k
781	74, 79	823	123	865	137 l
782	—	824	124	866	137 m
783	—	825	124, 123	867	137 n
784	4	826	123 c	868	137 o
785	2	827	129	869	137 p
786	47	828	127, 123 a	870	137 q
787	54	829	—	871	137 r
788	54	830	8	872	137 s
789	54	831	129	873	137 t
790	54	832	123 a	874	137 u
791	54	833	123 a	875	137 v
792	51	834	58, 60, 129 b	876	137 v
793	52	835	129 c	877	137 w
794	52	836	129 d	878	137 x
795	131	837	129 e	879	137 y
796	131 a	838	129 f	880	137 z
797	131 b	839	129 g	881	51
798	131 c	840	46, 58, 60, 129 i	882	38
799	130	841	129 j	883	76
800	—	842	129 k	884	38
801	131 d	843	58, 60, 129 b	885	38
802	131 e	844	—	886	76
803	131 f	845	129 l	887	75
804	61	846	129 m	888	76 a
805	61	847	129 n	889	76 b
806	14	848	129 o	890	77
807	78	849	129 p	891	5 a
808	15	850	129 q	892	59
809	16	851	129 r	893	58
810	26	852	129 s	894	34, 64
811	34	853	129 t	895	64
812	28	854	137 a	896	—
813	19—21	855	137 b	897	—
814	19—22	856	137 c	898	11
815	22 a	857	137 d	899	66—73
816	19—21	858	137 e	900	66—73
817	18 a	859	61, 137 f	905	10
818	37	860	137 g		
819	56	861	137 h		

Systematische Anordnung des Entwurfs eines Transportversicherungsgesetzes.

I. Allgemeine Vorschriften.	Vorstehender Entwurf.
§ 1	§ 1
2	2
3	7—9
4	10
5	11
6	12
7	54
8	65
9	176 b
10	13
11	176 a
II. Versicherter und Versicherungsnehmer. Versicherung für fremde Rechnung.	
§ 12	74
13	75
14	76
15	76 a
16	76 b
17	77
18	78
19	79
III. Versicherungsschein.	
§ 20	4
21	5
22	5 a
23	6
IV. Versicherungsagenten.	
§ 24	41
25	42
26	43
27	44
V. Anzeige der Gefahrumstände. Gefahrveränderung.	
§ 28	14
29	15
30	16
31	17
32	17 a
33	18
34	18 a

V. Anzeige der Gefahrumstände. Gefahrveränderung.	Vorstehender Entwurf.
§ 35	§ 123 a
36	19
37	20
38	21
39	22
40	22 a
41	25
42	26
43	27
VI. Prämie.	
§ 44	28
45	29
46	30
47	31
48	32
49	33
50	34
51	64
52	71
53	36
VII. Veräußerung der versicherten Sache.	
§ 54	66
55	67
56	68
57	69
58	70
59	73
VIII. Umfang der Gefahr.	
A. Sachlicher Umfang.	
§ 60	121
61	122/123
62	55
63	129 b
64	129 c
65	129 d
66	129 e
67	129 f
68	129 g
69	129 h
70	125
71	126

VIII. Umfang der Gefahr.	Vorstehender Entwurf.
A. Sachlicher Umfang.	
§ 72	§ 127
73	129 o
74	129 p
75	129 q
76	129 r
77	129 s
78	129 t
B. Zeitlicher Umfang.	
§ 79	3
80	124
81	128
82	128 b
83	128 c
84	129
85	129 a
IX. Leistung des Versicherers.	
A. Grundlage der Leistung: Versicherungswert.	
§ 86	48
87	47
88	52
89	130
90	131
91	131 a
92	131 b
93	131 c
94	131 d
95	131 e
96	131 f
B. Umfang der Leistung.	
§ 97	46
98	49
99	51
100	58
101	60
102	129 i
103	129 j
104	129 k
105	129 l
106	129 m
107	129 n

X. Versicherungsfall.	Vorstehender Entwurf.
§ 108	§ 37
109	56
110	38
111	57
112	45
113	40
114	59
115	61
XI. Schaden.	
A. Totalverlust.	
a) Absoluter Totalverlust.	
§ 116	137 a
117	137 b
118	137 c
119	137 d
120	137 e
121	137 f
122	137 g
b) Konstruktiver Totalverlust.	
§ 123	137 h
124	137 i
125	137 j
126	137 k
127	137 l
128	137 m
129	137 n
130	137 o
131	137 p
132	137 q
133	137 r
B. Teilschaden.	
§ 134	137 s
135	137 t
136	137 u
137	137 v
138	137 w
139	137 x
140	137 y
141	137 z
XII. Schlußvorschriften.	
§ 142	177
143	177 a
144	184

Entwurf eines Transportversicherungsgesetzes.

I. Allgemeine Vorschriften.

§ 1. Der Versicherer ist verpflichtet, nach dem Eintritte des Versicherungsfalles dem Versicherten den dadurch verursachten Vermögensschaden in demjenigen Umfange zu ersetzen, der sich aus diesem Gesetze und den Bestimmungen des Vertrages ergibt.

Der Versicherungsnehmer hat die vereinbarte Prämie zu entrichten. Als Prämien im Sinne dieses Gesetzes gelten auch die bei Versicherungsunternehmungen auf Gegenseitigkeit zu entrichtenden Beiträge.

§ 2. Die Versicherung kann in der Weise genommen werden, daß sie in einem vor der Schließung des Vertrages liegenden Zeitpunkte beginnt.

Im Falle des Abs. 1 ist der Vertrag nichtig, wenn der Versicherer bei der Schließung weiß, daß die Möglichkeit des Eintrittes des Versicherungsfalles schon ausgeschlossen ist. Das gleiche gilt, wenn der Versicherungsnehmer bei der Schließung weiß, daß der Versicherungsfall schon eingetreten ist.

Wird der Vertrag durch einen Bevollmächtigten oder einen Vertreter ohne Vertretungsmacht geschlossen, so kommt in den Fällen des Abs. 2 nicht nur die Kenntnis des Vertragschließenden, sondern auch die des Vertretenen in Betracht.

§ 3. Ist im Vertrage bestimmt, daß die Verletzung einer Obliegenheit, die von dem Versicherten dem Versicherer gegenüber zu erfüllen ist, das Erlöschen der Ansprüche oder einen sonstigen Rechtsnachteil für den Versicherten zur Folge haben soll, so tritt der Rechtsnachteil nicht ein, wenn die Verletzung den Umständen nach als eine unverschuldete anzusehen oder auf den Eintritt des Versicherungsfalles einflußlos gewesen ist.

Auf eine Vereinbarung, durch welche von dieser Vorschrift abgewichen wird, kann sich der Versicherer nicht berufen.

§ 4. Die Ansprüche aus dem Versicherungsvertrage verjähren in fünf Jahren. Die Verjährung beginnt mit dem Schlusse des Jahres, in welchem die Leistung verlangt werden kann.

Eine Vereinbarung, durch welche die Verjährung der Ansprüche gegen den Versicherer erleichtert wird, ist nichtig. Das gleiche gilt von einer Vereinbarung, nach welcher der Versicherer von der Verpflichtung zur Leistung frei sein soll, wenn der Anspruch auf die Leistung nicht innerhalb einer bestimmten Frist gerichtlich geltend gemacht wird.

§ 5. Wird über das Vermögen des Versicherers der Konkurs eröffnet, so endigt das Versicherungsverhältnis, sobald das versicherte Interesse bei einem anderen Versicherer versichert ist. Spätestens aber endigt es vierzehn Tage nach der Konkurseröffnung, und wenn der Gegenstand, auf den sich die Versicherung bezieht, alsdann unterwegs ist, nach Beendigung der Reise.

§ 6. Auf eine Vereinbarung, nach welcher im Falle der Eröffnung des Konkurses über das Vermögen des Versicherten das Versicherungsverhältnis erlöschen, oder der Versicherer befugt sein soll, das Versicherungsverhältnis vor Beendigung der laufenden Versicherungsperiode zu kündigen, kann sich der Versicherer nicht berufen, wenn die Prämie gezahlt ist oder genügende Sicherheit für sie gestellt wird, oder wenn in dem Vertrage bestimmt ist, daß sie von einem Dritten zu zahlen sei; es sei denn, daß es sich um eine Zeitversicherung auf Schiff oder Fracht handelt, und eine Kündigungsfrist von mindestens einem Monate vereinbart ist.

§ 7. Ist ein Interesse gegen dieselbe Gefahr bei mehreren Versicherern versichert und übersteigen die Versicherungssummen zusammen den Wert, den das versicherte Interesse zur Zeit des Eintritts des Versicherungsfalles hat (Doppelversicherung), so sind die Versicherer in der Weise als Gesamtschuldner verpflichtet, daß dem Versicherten jeder Versicherer für den Betrag haftet, dessen Zahlung ihm nach seinem Vertrag obliegt, der Versicherte aber im ganzen nicht mehr als den Betrag des Schadens verlangen kann.

Die Versicherer sind im Verhältnisse zueinander zu Anteilen nach Maßgabe der Beträge verpflichtet, deren Zahlung ihnen dem Versicherten gegenüber vertragsmäßig obliegt.

Hat der Versicherte Verträge in der Absicht geschlossen, sich durch Doppelversicherung einen rechtswidrigen Vermögensvorteil zu verschaffen, so sind die sämtlichen in dieser Absicht geschlossenen Verträge nichtig. Ein ohne solche Absicht eingegangenes Versicherungsverhältnis endigt, wenn später ein anderes Versicherungsverhältnis in solcher Absicht eingegangen wird. Jeder Versicherer kann die ganze Prämie verlangen.

Der Versicherte hat jede Doppelversicherung, sobald er sie geschlossen oder von ihr Kenntnis erhalten hat, jedem beteiligten inländischen Versicherer mitzuteilen. Auf eine Vereinbarung, nach welcher die Verletzung dieser Verpflichtung zur Mitteilung das ganze oder teilweise Erlöschen der Ansprüche für den Versicherten zur Folge haben soll, kann sich der Versicherer nicht berufen, wenn dem Versicherten ein Verschulden nicht zur Last fällt.

§ 8. Eine Vereinbarung, nach welcher ein für eine bestimmte Zeit eingegangenes Versicherungsverhältnis mit dem Ablaufe dieser Zeit als stillschweigend verlängert gelten soll, wenn es nicht vorher gekündigt wird, ist insoweit nichtig, als die Verlängerung für mehr als ein Jahr bedungen ist.

§ 9. Unter Fracht sind, soweit nicht ein anderes bestimmt ist, auch die Ueberfahrtsgelder und bei Schleppschiffen der Schlepplohn zu verstehen.

§ 10. Als Versicherungsperiode im Sinne dieses Gesetzes gilt die Zeit, nach welcher die Prämie bemessen ist: bei Zeitversicherungen der Zeitraum eines Jahres.

§ 11. Die Heuerforderung des Kapitäns oder Schiffers, der Schiffsoffiziere und der Schiffsmannschaft kann nicht versichert werden.

II. Versicherter und Versicherungsnehmer. Versicherung für fremde Rechnung.

§ 12. Die Versicherung kann von demjenigen, welcher den Vertrag mit dem Versicherer schließt, im eigenen Namen für einen anderen, mit oder ohne Benennung der Person des Versicherten, genommen werden (Versicherung für fremde Rechnung).

Ergibt sich aus den Umständen nicht, daß die Versicherung für fremde Rechnung genommen werden soll, so gilt sie als für eigene Rechnung genommen.

§ 13. Bei der Versicherung für fremde Rechnung stehen die Rechte aus dem Versicherungsvertrage dem Versicherten zu. Die Aushändigung eines Versicherungsscheins kann jedoch nur der Versicherungsnehmer verlangen.

Der Versicherte kann über seine Rechte ohne Zustimmung des Versicherungsnehmers nur verfügen, wenn er im Besitze eines Versicherungsscheines ist.

§ 14. Der Versicherungsnehmer kann über die Rechte aus dem Versicherungsvertrag im eigenen Namen verfügen. Zur Geltendmachung der Entschädigungsforderung ist er jedoch, wenn ein Versicherungsschein ausgestellt ist, nur befugt, wenn er im Besitze des Versicherungsscheines ist.

Der Versicherer ist zur Zahlung der Entschädigung nur verpflichtet, wenn der Versicherungsnehmer ihm gegenüber nachweist, daß der Versicherte seine Zustimmung zu der Versicherung erteilt hat.

§ 15. Der Versicherungsnehmer ist nicht verpflichtet, den Versicherungsschein dem Versicherten oder den Gläubigern oder der Konkursmasse des Versicherten auszuliefern, bevor er wegen der gegen den Versicherten in bezug auf den versicherten Gegenstand ihm zustehenden Ansprüche befriedigt ist. Im Falle eines Schadens kann der Versicherungsnehmer sich wegen dieser Ansprüche aus der Forderung, welche gegen den Versicherer begründet ist, und nach Einziehung der Versicherungsgelder aus den letzteren vorzugsweise vor dem Versicherten und vor dessen Gläubigern befriedigen.

§ 16. Der Versicherer macht sich dem Versicherungsnehmer verantwortlich, wenn er, während sich dieser noch im Besitze des Versicherungsscheins befindet, durch Zahlungen, die er dem Versicherten oder den Gläubigern oder der Konkursmasse des Versicherten leistet, oder durch Verträge, die er mit ihnen schließt, das im § 15 bezeichnete Recht des Versicherungsnehmers beeinträchtigt.

Inwiefern sich der Versicherer einem Dritten, welchem Rechte aus dem Versicherungsschein eingeräumt sind, dadurch verantwortlich macht, daß er über diese Rechte Verträge schließt oder Versicherungsgelder zahlt, ohne sich den Versicherungsschein zurückgeben zu lassen oder ihn mit der erforderlichen Bemerkung zu versehen, bestimmt sich nach den Vorschriften des bürgerlichen Rechtes.

§ 17. Der Versicherer kann gegen die Entschädigungsforderung eine Forderung, die ihm gegen den Versicherungsnehmer zusteht, insoweit aufrechnen, als sie auf dem Versicherungsverhältnisse beruht.

§ 18. Die Vorschriften dieses Gesetzes, nach welchen im Falle der Schließung des Vertrages durch einen Vertreter nicht nur die Kenntnis oder das Verschulden des Vertreters, sondern auch die des Vertretenen in Betracht kommt, finden bei der Versicherung für fremde Rechnung auf die Kenntnis sowie das Verschulden des Versicherungsnehmers und des Versicherten sowie des Zwischenbeauftragten entsprechende Anwendung.

Im Falle des § 2 Abs. 8 kommt es jedoch auf die Kenntnis des Versicherten und des Zwischenbeauftragten nicht an, wenn eine rechtzeitige Benachrichtigung des Vertreters nicht tunlich war, und auf die Kenntnis des Versicherten nicht, wenn der Vertrag ohne sein Wissen geschlossen worden ist.

§ 19. Ist die Versicherung für Rechnung „wen es angeht" genommen oder ist in anderer Weise unbestimmt gelassen, ob eigenes oder fremdes Interesse versichert ist, so kommen die Vorschriften der §§ 13 bis 18 zur Anwendung, wenn sich ergibt, daß fremdes Interesse versichert ist.

III. Versicherungsschein.

§ 20. Der Versicherer ist verpflichtet, eine von ihm unterzeichnete Urkunde über den Versicherungsvertrag (Versicherungsschein) dem Versicherungsnehmer auszuhändigen.

Ist ein Versicherungsschein abhanden gekommen oder vernichtet, so kann der Versicherungsnehmer von dem Versicherer die Ausstellung einer Ersatzurkunde verlangen. Läßt das Gesetz die Kraftloserklärung des Versicherungsscheines zu, so ist der Versicherer erst nach der Kraftloserklärung zur Ausstellung verpflichtet.

Der Versicherungsnehmer kann jederzeit Abschriften der Erklärungen fordern, die er mit Bezug auf den Vertrag abgegeben hat.

Die Kosten des Versicherungsscheines, der Ersatzurkunde, sowie der Abschriften hat der Versicherungsnehmer zu tragen und auf Verlangen vorzuschießen.

§ 21. Der Versicherungsschein kann nicht auf den Inhaber ausgestellt werden.

Ist bestimmt, daß der Versicherer nur gegen Rückgabe des Versicherungsscheines zu leisten hat, so genügt, wenn der Versicherungsnehmer behauptet, zur Rückgabe außerstande zu sein, das öffentlich beglaubigte Anerkenntnis, das die Schuld erloschen sei. Diese Vorschrift findet keine Anwendung, wenn das Gesetz die Kraftloserklärung des Versicherungsscheines zuläßt.

§ 22. Der Versicherungsschein kann an Order lauten.

Ein Versicherungsschein, der an Order lautet, kann durch Indossament übertragen werden. Durch das Indossament gehen alle Rechte aus dem Vertrage auf den Indossatar über. Der Versicherer ist nur zur Leistung verpflichtet, wenn ihm die Quittung des Indossatars auf der Urkunde vorgelegt wird. Dem legitimierten Besitzer des Versicherungsscheines kann der Versicherer nur solche Einwendungen entgegensetzen, welche die Gültigkeit seiner Erklärung in der Urkunde betreffen oder sich aus dem Inhalt der Urkunde ergeben oder ihm unmittelbar gegen den Besitzer oder aus den §§ 28 bis 48 und § 18 gegen den Versicherungsnehmer zustehen.

Insoweit der Versicherer nur wegen einer Einwendung gegen den Versicherungsnehmer von der Leistung frei ist, kann der legitimierte Inhaber des Versicherungsscheines die Leistung von dem Versicherungsnehmer fordern.

In betreff der Form des Indossamentes, in betreff der Legitimation des Besitzers und der Prüfung der Legitimation sowie in betreff der Verpflichtung des Besitzers zur Herausgabe, finden die Vorschriften der Artikel 11 bis 13, 86, 74 der Wechselordnung entsprechende Anwendung.

Ist der Versicherungsschein vernichtet oder abhanden gekommen, so unterliegt er der Kraftloserklärung im Wege des Aufgebotsverfahrens. Ist das Aufgebotsverfahren eingeleitet, so kann der Berechtigte, wenn er bis zur Kraftloserklärung Sicherheit bestellt, Leistung nach Maßgabe des Versicherungsscheines von dem Versicherer verlangen.

Der Versicherungsschein über eine Versicherung auf Schiff oder Fracht kann nicht an Order lauten. Dies gilt nicht für andere Versicherungen, die sich auf das Schiff beziehen.

§ 23. Der Versicherer kann sich auf eine Vereinbarung, welche eine Bestimmung dieses Gesetzes abändert, nur berufen, wenn sie ihrem vollen Wortlaute nach in den Versicherungsschein aufgenommen ist.

Auf eine Vereinbarung, nach welcher die Annahme des Versicherungsscheines die Wirkung haben soll, daß der Inhalt des Scheines als von dem Versicherungsnehmer genehmigt gilt, kann sich der Versicherer nur berufen, wenn durch die Vereinbarung dem Versicherungsnehmer eine Frist von mindestens drei Tagen für die Erhebung eines Widerspruches gewährt ist und der Versicherungsnehmer innerhalb dieser Frist Widerspruch nicht erhoben hat.

Das Recht des Versicherungsnehmers, die Genehmigung wegen Irrtums anzufechten, kann durch eine Vereinbarung nicht ausgeschlossen werden.

IV. Versicherungsagenten.

§ 24. Ein Versicherungsagent gilt, auch wenn er nur mit der Vermittelung von Versicherungsgeschäften betraut ist, als bevollmächtigt in dem Versicherungszweige und für den Bezirk, für den er bestellt ist:

1. Anträge auf Schließung eines Versicherungsvertrages sowie den Widerruf solcher Anträge entgegenzunehmen;
2. die Anzeigen, welche während der Versicherung zu machen sind, sowie Kündigungs- und Rücktrittserklärungen oder sonstige das Versicherungsverhältnis betreffende Erklärungen von dem Versicherten entgegenzunehmen;
3. die von dem Versicherer ausgefertigten Versicherungsscheine oder Verlängerungsscheine auszuhändigen;
4. fällige Prämien gegen die Quittung des Versicherers anzunehmen.

§ 25. Ist ein Versicherungsagent zum Abschlusse von Versicherungsverträgen bevollmächtigt, so ist er innerhalb des Bezirkes, für den er bestellt ist, auch befugt, die Versicherungsscheine zu zeichnen, die Aenderung oder Verlängerung solcher Verträge zu vereinbaren, sowie Kündigungs- und Rücktrittserklärungen abzugeben.

§ 26. Soweit nach den Vorschriften dieses Gesetzes die Kenntnis des Versicherers von Erheblichkeit ist, steht die Kenntnis eines nur mit der Vermittelung von Versicherungsgeschäften betrauten Agenten der Kenntnis des Versicherers nicht gleich.

§ 27. Eine Beschränkung der dem Versicherungsagenten nach den Vorschriften dieses Titels zustehenden Vertretungsmacht braucht ein Dritter nur dann gegen sich gelten zu lassen, wenn er die Beschränkung bei der Vornahme des Geschäfts oder der Rechtshandlung kannte oder kennen mußte.

Auf eine Vereinbarung, durch welche von der Vorschrift des Abs. 1 abgewichen wird, kann sich der Versicherer nicht berufen. Die Vorschrift des § 48 Abs. 2 bleibt unberührt.

V. Anzeige der Gefahrumstände. Gefahrveränderung.

§ 28. Wer einen Versicherungsvertrag schließt, hat alle ihm bei der Schließung bekannten Umstände, die für die Uebernahme der Gefahr erheblich sind, dem Versicherer anzuzeigen.

Wird der Vertrag durch einen Bevollmächtigten oder durch einen Vertreter ohne Vertretungsmacht geschlossen, so sind auch die dem Vertretenen bekannten Umstände anzuzeigen. Auf die dem Vertretenen bekannten Umstände kommt es jedoch nicht an, wenn der Vertrag ohne sein Wissen geschlossen worden ist oder eine rechtzeitige Benachrichtigung des Vertreters nicht tunlich war.

§ 29. Der Versicherer kann von dem Vertrage zurücktreten, wenn den Vorschriften des § 28 zuwider die Anzeige eines erheblichen Umstandes unterblieben ist. Der Rücktritt ist ausgeschlossen, wenn dem Versicherer der nicht angezeigte Umstand bekannt war oder als ihm bekannt vorausgesetzt werden durfte.

§ 30. Der Versicherer kann von dem Vertrage zurücktreten, wenn über einen erheblichen Umstand eine unrichtige Anzeige gemacht worden ist.

Der Rücktritt ist ausgeschlossen, wenn die Unrichtigkeit dem Versicherer bekannt war.

§ 31. Ein Umstand, nach welchem der Versicherer ausdrücklich gefragt hat, gilt im Zweifel als erheblich.

§ 32. Die folgenden Umstände gelten als erheblich:

1. bei der Versicherung für eine Reise:
   der Gegenstand der Versicherung;
   der Name des Schiffes;
   der Abgangs- oder Abladeort;
   der Bestimmungsort;
2. bei der Versicherung auf Schiff oder Fracht:
   daß das Schiff im Neubau auf der Werft liegt;
   in Kriegszeiten, soweit die Versicherung für Kriegsmolest gilt, die Flagge; sowie, daß es Konterbande an Bord hat, oder daß es während des Krieges einen Untertan einer kriegführenden Macht abgekauft oder als Prise, die noch auf keinem freien Strom geschwommen, erworben ist;
3. bei der Versicherung auf Schiff oder Fracht auf eine Reise:
   daß das Schiff in erheblicher Reparatur liegt;
4. bei der Versicherung auf Güter:
   wenn die Güter nur unter einer allgemeinen Benennung versichert sind, daß es Edelmetalle, Bargeld, Wertpapiere, Juwelen, echte Spitzen, Kunstwerke, Gegenstände der Liebhaberei oder explosive Gegenstände sind;
   daß der Versicherte zur Besatzung des Schiffes gehört;
   in Kriegszeiten, soweit die Versicherung für Kriegsmolest gilt, daß sie Kriegskonterbande sind;
5. bei der Versicherung auf Bodmerei:
   daß das Schiff in Ballast fährt; oder daß die Schuld vor Antritt der versicherten Reise entstanden ist;
6. bei der Versicherung auf Havereigelder:
   daß das Schiff in Ballast fährt;
7. bei einer Rückversicherung:
   daß es eine Rückversicherung ist.

§ 33. Der Rücktritt kann nur innerhalb eines Monats erfolgen. Die Frist beginnt mit dem Zeitpunkt, in welchem der Versicherer von der Verletzung der Anzeigepflicht Kenntnis erlangt.

Der Rücktritt erfolgt durch Erklärung gegenüber dem Versicherungsnehmer. Im Falle des Rücktritts sind, soweit dieses Gesetz nicht in Ansehung der Prämie ein anderes bestimmt, beide Teile verpflichtet, einander die empfangenen Leistungen zurückzugewähren; eine Geldsumme ist von der Zeit des Empfanges an zu verzinsen.

§ 34. Bei der Versicherung von Gütern ohne Bezeichnung des Schiffes oder der Schiffe (in unbestimmten oder unbenannten Schiffen) hat der Versicherte, sobald er Nachricht erhält, daß versicherte Güter abgeladen sind, diese Nachricht dem Versicherer mitzuteilen.

Der Versicherer ist im Falle einer Verletzung dieser Vorschrift von der Verpflichtung zur Leistung frei, wenn bei den Gütern, deren Abladung nicht rechtzeitig angezeigt ist, der Versicherungsfall eintritt.

§ 35. Bei einer Versicherung nach einem oder dem anderen unter mehreren Häfen ist dem Versicherten gestattet, einen dieser Häfen zu wählen; bei einer Versicherung nach einem und einem anderen oder nach einem und mehreren anderen Häfen ist der Versicherte zum Besuch eines jeden der bezeichneten Häfen befugt.

Ist die Versicherung nach mehreren Häfen geschlossen oder dem Versicherten das Recht vorbehalten, mehrere Häfen anzulaufen, so ist dem Versicherten nur gestattet, die Häfen nach der vereinbarten oder in Ermangelung einer Vereinbarung nach der den Schiffahrtsverhältnissen entsprechenden Reihenfolge zu besuchen; er ist jedoch zum Besuch aller einzelnen Häfen nicht verpflichtet.

Die im Versicherungsschein enthaltene Reihenfolge wird, soweit nicht ein anderes sich ergibt, als die vereinbarte angesehen.

§ 36. Nach dem Abschlusse des Vertrages darf der Versicherte nicht ohne Einwilligung des Versicherers eine Veränderung der Gefahr vornehmen oder deren Vornahme durch einen Dritten gestatten.

§ 37. Im Falle der Verletzung der Vorschrift des § 36 kann der Versicherer das Versicherungsverhältnis mit einer zehntägigen Kündigungsfrist kündigen.

Das Kündigungsrecht erlischt, wenn es nicht innerhalb dreier Tage von dem Zeitpunkte an ausgeübt wird, in welchem der Versicherer von der Veränderung der Gefahr Kenntnis erlangt, oder wenn der Zustand wiederhergestellt ist, der vor der Veränderung bestanden hat.

Kündigt der Versicherer, während der Gegenstand, auf den sich die Versicherung bezieht, unterwegs ist, so wirkt die Kündigung nicht vor Beendigung der Reise.

§ 38. Der Versicherer ist im Falle einer Verletzung der Vorschrift des § 36 von der Verpflichtung zur Leistung frei, wenn der Versicherungsfall nach der Veränderung der Gefahr eintritt.

Die Verpflichtung des Versicherers bleibt bestehen, wenn zur Zeit des Eintrittes des Versicherungsfalles das Kündigungsrecht erloschen ist (§ 37 Absatz 2) oder wenn die Veränderung der Gefahr keinen Einfluß auf den Eintritt des Versicherungsfalles und auf den Umfang der dem Versicherer obliegenden Leistung gehabt hat.

§ 39. Die Vorschriften der §§ 36 bis 38 finden keine Anwendung, wenn der Versicherte zu der Erhöhung der Gefahr durch das Interesse des Versicherers oder durch ein Ereignis, für welches der Versicherer haftet, oder durch ein Gebot der Menschlichkeit veranlaßt wird.

§ 40. Wird bei dem Abschluß des Vertrags der Kapitän oder Schiffer bezeichnet, so ist in dieser Bezeichnung allein noch nicht die Zusage enthalten, daß der Benannte die Führung des Schiffes behalten werde.

§ 41. Eine Veränderung der Gefahr im Sinne dieses Gesetzes liegt nur vor, wenn ein Umstand eintritt, welcher geeignet gewesen wäre, auf den Entschluß des Versicherers, sich auf den Vertrag überhaupt oder unter denselben Bestimmungen einzulassen, Einfluß zu üben, wenn er seinen Eintritt bei Abschluß des Vertrages vorausgesehen hätte. Eine unerhebliche Aenderung der Gefahr kommt nicht in Betracht.

Ist die unveränderte Fortdauer eines Umstandes ausdrücklich bedungen worden, so ist, wenn eine Aenderung des Umstandes erfolgt, im Zweifel anzunehmen, daß die Aenderung des Umstandes eine erhebliche Gefahrveränderung zur Folge gehabt hat.

§ 42. Liegen die Voraussetzungen, unter denen der Versicherer nach den Vorschriften dieses Titels zum Rücktritt oder zur Kündigung berechtigt ist, in Ansehung eines Teiles der Gegenstände vor, auf welche sich die Versicherung bezieht, so steht dem Versicherer das Recht des Rücktritts oder der Kündigung für den übrigen Teil nur zu, wenn für diesen allein der Versicherer den Vertrag unter den gleichen Bestimmungen nicht geschlossen haben würde.

Macht der Versicherer von dem Rechte des Rücktritts oder der Kündigung in Ansehung eines Teiles der Gegenstände Gebrauch, so kann der Versicherte das Versicherungsverhältnis in Ansehung des übrigen Teiles ohne Einhaltung einer Kündigungsfrist kündigen. Das Kündigungsrecht des Versicherten erlischt, wenn es nicht bis zum Schlusse der laufenden Versicherungsperiode geltend gemacht wird.

In den Fällen, in denen nach § 38 der Versicherer von der Verpflichtung zur Leistung frei ist, findet die Vorschrift des Abs. 1 entsprechende Anwendung.

§ 43. Auf eine Vereinbarung, durch welche von den Vorschriften der §§ 28 bis 42 zum Nachteile des Versicherten abgewichen wird, kann sich der Versicherer nicht berufen.

Für die Anzeige, welche der Versicherte nach den Bestimmungen dieses Titels zu machen hat, kann die schriftliche Form vereinbart werden.

VI. Prämie.

§ 44. Wenn im Vertrage nichts anderes vereinbart ist, hat der Versicherungsnehmer die Prämie, und wenn laufende Prämien bedungen sind, die erste Prämie sofort nach dem Abschlusse des Vertrages zu zahlen. Er ist zur Zahlung nur gegen Aushändigung des Versicherungsscheines verpflichtet, es sei denn, daß die Ausstellung eines Versicherungsscheines ausgeschlossen ist.

§ 45. Leistungsort für die Entrichtung der Prämie ist der Wohnsitz des Versicherers.

Ist die Versicherung durch einen zum Abschluß von Versicherungsverträgen bevollmächtigten Versicherungsagenten geschlossen, so ist dessen Wohnsitz der Leistungsort für die Entrichtung der Prämie.

§ 46. Ist die Prämie regelmäßig bei dem Versicherungsnehmer eingezogen worden, oder für den Versicherer einem Dritten bezahlt worden, so ist der Versicherungsnehmer zur Uebermittelung der Prämie erst verpflichtet, wenn ihm der Versicherer ausdrücklich anzeigt, daß er die Uebermittelung verlange.

§ 47. Wird eine Prämienzahlung, die vor oder bei dem Beginne der Versicherung zu erfolgen hat, nicht rechtzeitig bewirkt, so ist der Versicherer von der Verpflichtung zur Leistung frei, wenn der Versicherungsfall vor der Zahlung eintritt.

Der Versicherer ist, wenn die Zahlung nicht rechtzeitig bewirkt wird, berechtigt, das Versicherungsverhältnis unter Einhaltung einer Kündigungsfrist von einem Monate zu kündigen. Die Wirkungen der Kündigung treten nicht ein, wenn die Zahlung bis zum Ablaufe der Kündigungsfrist erfolgt.

§ 48. War zur Zeit des Eintrittes des Versicherungsfalles der Versicherungsschein dem Versicherungsnehmer ausgehändigt, so ist der Versicherer zur Leistung verpflichtet, auch wenn die Prämie noch nicht gezahlt worden ist. Eine Bestimmung, nach welcher der Vertrag ungeachtet der Aushändigung des Versicherungsscheines erst mit der Zahlung der Prämie wirksam wird, gilt als nicht getroffen.

§ 49. Wird eine Prämienzahlung, die nach dem Beginn der Versicherung zu erfolgen hat, nicht rechtzeitig bewirkt, so kann der Versicherer dem Versicherungsnehmer auf dessen Kosten eine Zahlungsfrist bestimmen. Tritt der Versicherungsfall nach dem Ablaufe der Frist ein und sind zur Zeit des Eintrittes die Prämien oder die geschuldeten Zinsen oder Kosten nicht bezahlt, so ist der Versicherer von der Verpflichtung zur Leistung frei. Der Versicherer ist nach dem fruchtlosen Ablaufe der Frist berechtigt, das Versicherungsverhältnis ohne Einhaltung einer Kündigungsfrist zu kündigen.

Die Bestimmung der Zahlungsfrist hat schriftlich zu geschehen und eine genaue Angabe der Rechtsfolgen zu enthalten, welche nach Abs. 1 mit dem Ablaufe der Frist verbunden sind. Die Frist darf nicht weniger als zwei Wochen betragen. Eine Fristbestimmung, die ohne Beobachtung dieser Vorschriften erfolgt, ist unwirksam.

Soweit die im Abs. 1 bezeichneten Rechtsfolgen davon abhängen, daß Zinsen oder Kosten nicht gezahlt worden sind, treten die Rechtsfolgen nur ein, wenn die Fristbestimmung die Höhe der Zinsen oder den Betrag der Kosten angibt.

§ 50. Wird das Versicherungsverhältnis auf Grund der Vorschriften dieses oder des vorhergehenden Titels durch Rücktritt oder Kündigung aufgehoben, so gebührt dem Versicherer gleichwohl die Prämie, jedoch nicht über die laufende Versicherungsperiode hinaus. Kündigt der Versicherer gemäß § 6 oder § 47 Abs. 2, so kann er nur eine angemessene Geschäftsgebühr, jedoch nicht mehr als den halben Betrag einer Jahresprämie, verlangen.

Ist ein Versicherungsvertrag auf Grund der Vorschriften des § 2 nichtig, weil der Versicherte oder sein Vertreter wußte, daß der Versicherungsfall schon eingetreten war, so gebührt dem Versicherer, wenn er nicht bei der Schließung des Vertrages von der Nichtigkeit Kenntnis hatte, die Prämie bis zum Schlusse der Versicherungsperiode, in welcher er von der Nichtigkeit Kenntnis erlangt.

Endigt das Versicherungsverhältnis infolge der Eröffnung des Konkurses über das Vermögen des Versicherers, so kann der Versicherte die Prämie für die laufende Versicherungsperiode zurückfordern.

§ 51. Besteht das Interesse, für welches die Versicherung genommen ist, bei dem Beginne der Versicherung ganz oder teilweise nicht oder gelangt, falls die Versicherung für ein künftiges Unternehmen oder sonst für ein künftiges Interesse genommen ist, das Interesse ganz oder teilweise nicht zur Entstehung, so ist der Versicherte ganz oder zu einem verhältnismäßigen Teile von der Verpflichtung zur Zahlung der Prämie frei; der Versicherer kann, soweit ihm die Prämie hiernach nicht gebührt, eine angemessene Geschäftsgebühr, jedoch nicht mehr als den halben Betrag einer Jahresprämie, verlangen.

Fällt das Interesse, für welches die Versicherung genommen ist, nach dem Beginne der Versicherung vollständig weg, so gebührt dem Versicherer die Prämie für die laufende Versicherungsperiode; fällt das Interesse nur teilweise weg, so behält er außerdem den Anspruch auf eine verhältnismäßig geminderte Prämie für die künftigen Versicherungsperioden.

§ 52. Wird das Versicherungsverhältnis auf Grund des § 56 oder des § 58 Abs. 2 gekündigt, so hat der Veräußerer dem Versicherer die Prämie zu zahlen, jedoch nicht über die zur Zeit der Beendigung des Versicherungsverhältnisses laufende Versicherungsperiode hinaus; eine Haftung des Erwerbers für die Prämie findet in diesen Fällen nicht statt.

§ 53. Auf eine Vereinbarung, durch welche von den Vorschriften der §§ 47, 48 und 49 zum Nachteil des Versicherten abgewichen wird, kann sich der Versicherer nicht berufen.

VII. Veräußerung der versicherten Sache.

§ 54. Wird die versicherte Sache von dem Versicherten veräußert, so tritt an Stelle des Veräußerers der Erwerber in die sich während der Dauer seines Eigentums aus dem Versicherungsverhältnis ergebenden Rechte und Pflichten des Versicherten ein.

§ 55. Für die Prämie, welche auf die zur Zeit des Eintrittes laufende Versicherungsperiode entfällt, haften der Veräußerer und der Erwerber als Gesamtschuldner.

Der Versicherer hat in Ansehung der durch das Versicherungsverhältnis gegen ihn begründeten Forderungen die Veräußerung erst dann gegen sich gelten zu lassen, wenn er von ihr Kenntnis erlangt; die Vorschriften der §§ 406 bis 408 des Bürgerlichen Gesetzbuches finden entsprechende Anwendung.

§ 56. Bei einer Zeitversicherung auf Schiff oder Fracht ist der Versicherer berechtigt, dem Erwerber das Versicherungsverhältnis unter Einhaltung einer Frist von mindestens einem Monate zu kündigen. Das Kündigungsrecht erlischt, wenn der Versicherer es nicht innerhalb eines Monats von dem Zeitpunkt an ausübt, in welchem er von der Veräußerung Kenntnis erlangt.

Die Veräußerung ist dem Versicherer unverzüglich anzuzeigen.

§ 57. Der Versicherer bleibt von der Haftung für die Gefahren befreit, welche nicht eingetreten sein würden, wenn die Veräußerung unterblieben wäre.

§ 58. Der Eintritt des Erwerbers in die Rechte und Pflichten des Versicherten kann durch eine Vereinbarung zwischen diesem und dem Erwerber ausgeschlossen werden.

Hat der Erwerber von der Versicherung keine Kenntnis gehabt, so kann er das Versicherungsverhältnis ohne Einhaltung einer Kündigungsfrist kündigen. Das Kündigungsrecht erlischt, wenn der Erwerber es nicht innerhalb eines Monats von dem Zeitpunkt an ausübt, in welchem er von der Versicherung Kenntnis erlangt.

§ 59. Bei einer Zwangsversteigerung der versicherten Sache finden die Vorschriften der §§ 54 bis 58, und 52 mit der Maßgabe entsprechende Anwendung, daß der Ersteher auch dann kündigen kann, wenn er von der Versicherung Kenntnis gehabt hat. Im Falle einer solchen Kenntnis erlischt das Kündigungsrecht des Erwerbers, wenn es nicht innerhalb eines Monats nach dem Zuschlag ausgeübt wird.

VIII. Umfang der Gefahr.

A. Sachlicher Umfang.

§ 60. Der Versicherer trägt alle Gefahren, denen Schiff oder Güter während der Dauer der Versicherung ausgesetzt sind, soweit sich nicht aus diesem Gesetze oder aus den Bestimmungen des Vertrages ein anderes ergibt.

Er trägt insbesondere:

1. die Gefahr der Naturereignisse und der sonstigen Unfälle, auch wenn diese durch Verschulden eines Dritten veranlaßt sind, wie Eindringen des Wassers, Strandung, Schiffbruch, Sinken, Feuer, Explosion, Blitz, Erdbeben, Beschädigung durch Eis usw.;
2. die Gefahr des Krieges und der Verfügungen von hoher Hand;
3. die Gefahr des auf Antrag eines Dritten angeordneten, von dem Versicherten nicht verschuldeten Arrestes;
4. die Gefahr des Diebstahls, sowie die Gefahr des Seeraubes, der Plünderung und sonstiger Gewalttätigkeiten;
5. die Gefahr der Verbodmung der versicherten Güter zur Fortsetzung der Reise oder der Verfügung über die Güter durch Verkauf oder durch Verwendung zu gleichem Zwecke (§§ 588 bis 541, 732 des Handelsgesetzbuches);

6. die Gefahr der Unredlichkeit oder des Verschuldens einer Person der Schiffsbesatzung, sofern daraus für den versicherten Gegenstand ein Schaden entsteht;
7. die Gefahr des Zusammenstoßes von Schiffen, soweit der Versicherte infolge des Zusammenstoßes an dem versicherten Interesse unmittelbar Schaden erleidet.

§ 61. Dem Versicherer fallen die nachstehend bezeichneten Schäden nicht zur Last:

1. bei der Versicherung von Schiff oder Fracht:
   a) der Schaden, welcher daraus entsteht, daß
      bei einer Seeversicherung das Schiff in einem nicht seetüchtigen Zustande oder nicht gehörig ausgerüstet oder bemannt, oder ohne die erforderlichen Papiere (§ 513 des Handelsgesetzbuches) in See gesandt ist;
      bei einer Flußversicherung das Schiff in einem nicht fahrtüchtigen Zustande, oder nicht gehörig ausgerüstet oder bemannt die Reise antritt;
   es sei denn, daß der Versicherte beweist, daß der Mangel ohne sein Verschulden entstanden ist; see- oder fahrtüchtig ist ein Schiff, welches nach dem erkennbaren Zustande des Schiffskörpers und der etwa vorhandenen Maschine, sowie des gesamten Zubehörs geeignet ist, die gewöhnlichen Gefahren der Schiffahrt auf der nächstbevorstehenden Reise zu bestehen;
   b) der Schaden, welcher daraus entsteht, daß der Reeder für den durch eine Person der Schiffsbesatzung einem Dritten zugefügten Schaden haften muß (§§ 485, 486 des Handelsgesetzbuches, §§ 3, 4 des Binnenschiffahrtsgesetzes);
2. bei einer auf das Schiff sich beziehenden Versicherung:
   der Schaden an Schiff und Zubehör, welcher nur eine Folge der Abnutzung des Schiffes im gewöhnlichen Gebrauch ist, oder nur durch Alter, Fäulnis oder Wurmfraß verursacht wird;
3. bei einer auf Güter sich beziehenden Versicherung:
   a) der Schaden, welcher durch die natürliche Beschaffenheit der Güter, namentlich durch inneren Verderb, Schwinden, gewöhnliche Leckage, sowie durch mangelhafte Verpackung der Güter oder durch Ratten oder Mäuse verursacht wird; wenn jedoch die Reise durch einen Unfall, für den der Versicherer haftet, ungewöhnlich verzögert wird, so hat der Versicherer diese Schäden in dem Maße zu ersetzen, in welchem die Verzögerung dessen Ursache ist;
   b) der Schaden, der von dem Absender oder Empfänger in dieser Eigenschaft vorsätzlich oder aus grober Fahrlässigkeit verursacht wird;
4. der Schaden, welcher durch ein Verschulden des Versicherten entstanden ist.

§ 62. Der Versicherer ist auch dann zur Leistung verpflichtet, wenn der Versicherungsfall durch das Verhalten des Versicherten herbeigeführt ist, es sei denn, daß das Verhalten auf Verschulden beruht.

Wenn der Versicherte als Kapitän oder Schiffer ein Schiff selbst führt, so ist der Versicherer auch dann zur Leistung verpflichtet, wenn der Versicherungsfall durch ein schuldhaftes Verhalten des Versicherten in der Führung des Schiffes entstanden ist, falls der Versicherte die für seine Stellung erforderliche Gewerbebefugnis besitzt, und falls das Verhalten nicht vorsätzlich oder arglistig war. Bekleidet der Versicherte eine andere Stellung in der Schiffsbesatzung, so findet diese Vorschrift entsprechende Anwendung.

§ 63. Dem Versicherer fallen zur Last:

1. Die Beiträge der großen Haverei mit Einschluß derjenigen, welche der Versicherte selbst wegen eines von ihm erlittenen Schadens zu tragen hat; die in Gemäßheit der §§ 635, 732 des Handelsgesetzbuches nach den Grundsätzen der großen Haverei zu beurteilenden Beiträge werden den Beiträgen zur großen Haverei gleichgeachtet;
2. die Aufopferungen, welche zur großen Haverei gehören würden, wenn das Schiff Güter und zwar andere als Güter des Reeders an Bord gehabt hätte.

Bei einer Unterversicherung sind die Beiträge und Aufopferungen nur nach dem in § 99 bezeichneten Verhältnisse zu erstatten.

§ 64. In Ansehung der Beiträge zur großen Haverei und der nach den Grundsätzen der großen Haverei zu beurteilenden Beiträge bestimmen sich die Verpflichtungen des Versicherers nach der am gehörigen Orte im Inlande oder im Auslande, im Einklange mit dem am Orte der Aufmachung geltenden Rechte aufgemachten Dispache. Insbesondere ist der Versicherte, der einen zur großen Haverei gehörenden Schaden erlitten hat, nicht berechtigt, von dem Versicherer mehr als den Betrag zu fordern, zu welchem der Schaden in der Dispache berechnet ist; andererseits haftet der Versicherer für diesen ganzen Betrag, ohne daß namentlich der Versicherungswert maßgebend ist.

Auch kann der Versicherte, wenn der Schaden nach dem am Orte der Aufmachung geltenden Rechte als große Haverei nicht anzusehen ist, den Ersatz des Schadens von dem Versicherer nicht aus dem Grunde fordern, weil der Schaden nach einem anderen Rechte, insbesondere nach dem Rechte des Versicherungsortes, große Haverei sei.

§ 65. Der Versicherer haftet jedoch für die im § 64 erwähnten Beiträge nicht, soweit sie sich auf einen Unfall gründen, für den der Versicherer nach dem Versicherungsvertrage nicht haftet.

§ 66. Ist die Dispache von einer durch Gesetz oder Gebrauch dazu berufenen Person aufgemacht worden, so kann der Versicherer sie wegen Nichtübereinstimmung mit dem am Orte der Aufmachung geltenden Rechte und der dadurch bewirkten Benachteiligung des Versicherten nicht anfechten, es sei denn, daß der Versicherte durch mangelhafte Wahrnehmung seiner Rechte die Benachteiligung verschuldet hat.

Dem Versicherten liegt jedoch ob, die Ansprüche gegen die zu seinem Nachteile Begünstigten dem Versicherer abzutreten.

Dagegen ist der Versicherer befugt, in allen Fällen die Dispache dem Versicherten gegenüber insoweit anzufechten, als ein von dem Versicherten selbst erlittener Schaden, für den ihm nach dem am Orte der Aufmachung der Dispache geltenden Rechte eine Vergütung nicht gebührt hätte, gleichwohl als große Haverei behandelt worden ist.

§ 67. Wegen eines von dem Versicherten erlittenen, zur großen Haverei gehörenden oder nach den Grundsätzen der letzteren zu beurteilenden Schadens haftet der Versicherer, wenn die Einleitung des die Feststellung und Verteilung des Schadens bezweckenden ordnungsmäßigen Verfahrens stattgefunden hat, in Ansehung der Beiträge, welche dem Versicherten zu entrichten sind, nur insoweit, als der Versicherte die ihm gebührende Vergütung auch im Rechtswege, sofern er diesen füglich betreten konnte, nicht erhalten hat.

§ 68. Ist die Einleitung des Verfahrens ohne Verschulden des Versicherten unterblieben, so kann er den Versicherer wegen des ganzen Schadens nach Maßgabe des Versicherungsvertrages unmittelbar in Anspruch nehmen.

§ 69. Bei einer Versicherung gegen die Gefahren der Binnenschiffahrt ist eine vom Schiffer aufgestellte Dispache für den Versicherer nur verbindlich, wenn mit seiner Zustimmung die Aufstellung dem Schiffer übertragen ist.

§ 70. Unter die Versicherung gegen die Gefahren der Beförderung von Gütern auf Eisenbahnen fällt auch die Beförderung zur Eisenbahn sowie die Beförderung von der Eisenbahn an den Empfänger, wenn sie durch die Eisenbahnverwaltung oder unter ihrer Verantwortlichkeit erfolgt.

§ 71. Bei der Versicherung von Gütern trägt der Versicherer die Gefahr der Benutzung von Leichterfahrzeugen nur, wenn die Benutzung ortsüblich ist.

§ 72. Wird die Reise des zur Beförderung der versicherten Güter bestimmten Schiffes nach dem Beginn der Versicherung ohne Zustimmung oder nachfolgende Genehmigung des Versicherten aufgegeben und werden die Güter in anderer Art als mit diesem Schiffe nach dem Bestimmungsorte weiterbefördert, so fällt diese Beförderung unter die Versicherung, auch wenn sie zu Lande geschieht; die Versicherung umfaßt die Kosten der Umladung und der einstweiligen Lagerung sowie die Mehrkosten der Weiterbeförderung.

Wird die Reise mit Zustimmung oder Genehmigung des Versicherten aufgegeben, so tritt in Ansehung der Beendigung der Versicherung der Ort, wo die Reise aufhört, an die Stelle des Bestimmungsortes.

§ 73. Ist vereinbart, daß der Versicherer die Kriegsgefahr nicht übernimmt, auch die Versicherung rücksichtlich der übrigen Gefahren nur bis zum Eintritt einer Kriegsbelästigung dauern soll, so endet die Gefahr für den Versicherer mit dem Zeitpunkte, in welchem die Kriegsgefahr auf die Reise Einfluß zu üben beginnt, insbesondere also, wenn der Antritt oder die Fortsetzung der Reise durch Kriegsschiffe, Kaper oder Blockade behindert oder zur Vermeidung der Kriegsgefahr aufgeschoben wird, wenn das Schiff aus einem solchen Grunde von seinem Wege abweicht oder wenn der Schiffer durch Kriegsbelästigung die freie Führung des Schiffes verliert.

Eine Vereinbarung der im Abs. 1 bezeichneten Art wird namentlich angenommen, wenn der Vertrag mit der Klausel: „frei von Kriegsmolest“ abgeschlossen ist.

§ 74. Ist vereinbart, daß der Versicherer zwar nicht die Kriegsgefahr übernimmt, alle übrigen Gefahren aber auch nach dem Eintritt einer Kriegsbelästigung tragen soll so endet die Gefahr für den Versicherer erst mit der Kondemnation der versicherten Sache oder sobald sie geendet hätte, wenn die Kriegsgefahr nicht ausgenommen worden wäre; der Versicherer haftet aber nicht für die zunächst durch Kriegsgefahr verursachten Schäden, also insbesondere nicht:

für Konfiskation durch kriegführende Mächte;

für Nehmung, Beschädigung, Vernichtung und Plünderung durch Kriegsschiffe und Kaper;

für die Kosten, welche entstehen aus der Anhaltung und Reklamierung, aus der Blockade des Aufenthaltshafens oder der Zurückweisung von einem blockierten Hafen oder aus dem freiwilligen Aufenthalte wegen Kriegsgefahr;

für die nachstehenden Folgen eines solchen Aufenthaltes, Verderb und Verminderung der Güter, Kosten und Gefahr ihrer Entlöschung und Lagerung, Kosten ihrer Weiterbeförderung.

Im Zweifel wird angenommen, daß ein eingetretener Schaden durch Kriegsgefahr nicht verursacht sei.

Eine Vereinbarung der im Abs. 1 bezeichneten Art wird namentlich angenommen, wenn der Vertrag mit der Klausel: „nur für Seegefahr" abgeschlossen ist.

§ 75. Ist der Vertrag mit der Klausel: „für behaltene Ankunft" abgeschlossen, so endet die Gefahr für den Versicherer schon mit dem Zeitpunkte, in welchem das Schiff im Bestimmungshafen am gebräuchlichen oder gehörigen Platze den Anker hat fallen lassen oder befestigt ist.

Auch haftet der Versicherer nur:

1. bei der auf das Schiff sich beziehenden Versicherung, wenn entweder ein Totalverlust eintritt oder wenn das Schiff abandonniert (§ 128) oder infolge eines Unfalles vor der Erreichung des Bestimmungshafens wegen Reparaturunfähigkeit oder wegen Reparaturunwürdigkeit verkauft wird (§ 186);
2. bei der auf Güter sich beziehenden Versicherung; wenn die Güter oder ein Teil der Güter infolge eines Unfalles den Bestimmungshafen nicht erreichen, insbesondere wenn sie vor der Erreichung des Bestimmungshafens infolge eines Unfalles verkauft werden. Erreichen die Güter den Bestimmungshafen, so haftet der Versicherer weder für eine Beschädigung noch für einen Verlust, der die Folge einer Beschädigung ist.

Ueberdies hat der Versicherer in keinem Falle die im § 63, § 100 und § 101 erwähnten Beiträge, Aufopferungen und Kosten zu tragen.

§ 76. Ist der Vertrag mit der Klausel: „frei von Beschädigung außer im Strandungsfall" abgeschlossen, so haftet der Versicherer nicht für einen Schaden, der aus einer Beschädigung entsteht, ohne Unterschied, ob der Schaden in einer Wertverringerung oder in einem gänzlichen oder teilweisen Verlust und insbesondere darin besteht, daß die versicherten Güter gänzlich verdorben und in ihrer urspünglichen Beschaffenheit zerstört den Bestimmungshafen erreichen oder während der Reise wegen Beschädigung und drohenden Verderbs verkauft worden sind, es sei denn, daß das Schiff oder das Leichterfahrzeug, in welchem sich die versicherten Güter befanden, gestrandet ist. Der Strandung werden folgende Seeunfälle gleichgeachtet: Kentern, Sinken, Zerbrechen des Rumpfes, Scheitern und jeder Seeunfall, durch den das Schiff oder das Leichterfahrzeug reparaturunfähig geworden ist.

Hat sich eine Strandung oder ein dieser gleich zu achtender anderer Seeunfall ereignet, so haftet der Versicherer für jede drei Prozent (§ 105) übersteigende Beschädigung, die infolge eines solchen Seeunfalles entstanden ist, nicht aber für eine sonstige Beschädigung. Es wird vermutet, daß eine Beschädigung, die möglicherweise Folge des eingetretenen Seeunfalles sein kann, infolge des Unfalles entstanden sei.

Für jeden Schaden, der nicht aus einer Beschädigung entsteht, haftet der Versicherer, ohne Unterschied, ob sich eine Strandung oder ein anderer der erwähnten Unfälle zugetragen hat oder nicht, in derselben Weise, als wenn der Vertrag ohne die Klausel abgeschlossen wäre. Jedenfalls haftet er für die im § 68 unter Nr. 1 und 2 und in § 101 erwähnten Beiträge, Aufopferungen und Kosten, für die im § 100 erwähnten Kosten aber nur dann, wenn sie zur Abwendung eines ihm zur Last fallenden Verlustes verausgabt worden sind.

Eine Beschädigung, die ohne Selbstentzündung durch Feuer oder durch Löschung eines solchen Feuers oder durch Beschießen entstanden ist, wird als eine solche Beschädigung, von welcher der Versicherer durch die Klausel befreit wird, nicht angesehen.

§ 77. Wenn der Vertrag mit der Klausel: „frei von Bruch außer im Strandungsfall" abgeschlossen ist, so finden die Vorschriften des § 76 mit der Maßgabe Anwendung, daß der Versicherer für Bruch insoweit haftet, als er nach § 76 für Beschädigung aufzukommen hat.

§ 78. Eine Strandung im Sinne der §§ 76 und 77 ist vorhanden, wenn das Schiff unter nicht gewöhnlichen Verhältnissen der Seeschiffahrt auf den Grund festgerät und nicht wieder flott wird oder zwar wieder flott wird, jedoch entweder

1. nur unter Anwendung ungewöhnlicher Maßregeln, wie Kappen der Masten, Werfen oder Löschung eines Teiles der Ladung und dergleichen, oder durch den Eintritt einer ungewöhnlich hohen Flut, nicht aber ausschließlich durch Anwendung gewöhnlicher Maßregeln, wie Winden auf den Anker, Backstellen der Segel und dergleichen oder
2. erst nachdem das Schiff durch das Festgeraten einen erheblichen Schaden am Schiffskörper erlitten hat.

B. Zeitlicher Umfang.

§ 79. Ist die Dauer der Versicherung nach Tagen, Wochen, Monaten oder nach einem mehrere Monate umfassenden Zeitraume bestimmt, so beginnt die Versicherung mit der Mittagsstunde des Tages, an welchem der Vertrag geschlossen wird. Sie endigt am Mittage des letzten Tages der Frist.

Bei der Berechnung der Zeit ist der Ort maßgebend, an welchem sich der Gegenstand befindet, auf den sich die Versicherung bezieht.

§ 80. Eine auf Güter sich beziehende Versicherung erstreckt sich auf die ganze Dauer der versicherten Reise.

Die Versicherung beginnt in dem Zeitpunkte, in welchem die Güter von dem Frachtführer zur Beförderung angenommen werden, und endigt mit dem Zeitpunkte, in welchem die Güter dem Empfänger am Ablieferungsorte abgeliefert oder, wenn sich ein Ablieferungshindernis ergibt, rechtmäßig hinterlegt oder verkauft werden

Wird die Ablieferung von dem Versicherten ungebührlich lange verzögert, so endet die Versicherung mit dem Zeitpunkte, in welchem die Ablieferung beendet sein würde, wenn eine solche Verzögerung nicht stattgefunden hätte.

§ 81. Eine auf das Schiff sich beziehende Versicherung beginnt, wenn sie für eine Reise genommen ist, in dem Zeitpunkte, in welchem mit der Einnahme der Ladung oder des Ballastes angefangen wird. oder, wenn weder Ladung noch Ballast einzunehmen ist, in dem Zeitpunkt der Abfahrt des Schiffes. Sie endigt in dem Zeitpunkt, in welchem die Löschung der Ladung oder des Ballastes am Bestimmungsorte beendigt ist, oder, wenn weder Ladung noch Ballast zu löschen ist, in dem Zeitpunkte, in welchem das Schiff am gebräuchlichen oder gehörigen Orte sicher vor Anker liegt oder befestigt ist. Wird die Löschung von dem Versicherten ungebührlich verzögert, so endet die Versicherung in dem Zeitpunkte, in welchem die Löschung beendigt sein würde, falls die Verzögerung nicht stattgefunden hätte.

Wird vor der Beendigung der Löschung für eine neue Reise Ladung oder Ballast eingenommen, so endigt die Versicherung in dem Zeitpunkt, in welchem mit der Einnahme angefangen wird.

Wird nach dem Beginne der Versicherung die versicherte Reise aufgegeben, so tritt in Ansehung der Beendigung der Versicherung der Ort, wo die Reise aufhört, an die Stelle des Bestimmungsortes.

§ 82. Ist die Versicherung auf mehrere aufeinander folgende Reisen genommen, so läuft sie vom Beginne der ersten Reise bis zum Ende der letzten Reise (§ 81) ununterbrochen fort.

§ 83. Eine Versicherung von Bodmerei- und Havereigeldern beginnt in dem Zeitpunkte, in welchem sie vorgeschossen sind. Ihr Ende bestimmt sich nach §§ 80 und 81.

Hat der Versicherte die Havereigelder selbst verwendet, so findet die Vorschrift des ersten Absatzes keine Anwendung.

§ 84. Eine auf das Schiff sich beziehende Versicherung läuft, wenn sie auf eine bestimmte Zeit genommen ist, während der vereinbarten Versicherungszeit ununterbrochen fort.

Ist ein auf Zeit versichertes Schiff bei dem Ablaufe der vereinbarten Versicherungszeit unterwegs, so gilt das Versicherungsverhältnis als verlängert bis zur Ankunft des Schiffes am nächsten Bestimmungsort und, falls an diesem gelöscht wird, bis zu dem nach § 81 für die Beendigung der Versicherung maßgebenden Zeitpunkte. Der Versicherte kann die Verlängerung, solange das Schiff noch nicht unterwegs ist, durch eine gegenüber dem Versicherer abzugebende Erklärung ausschließen.

Im Falle der Verlängerung hat der Versicherte für deren Dauer und, wenn die Verschollenheit des Schiffes eintritt, bis zum Ablaufe der Verschollenheitsfrist die vereinbarte Zeitprämie fortzuentrichten.

Ist die Verlängerung ausgeschlossen, so kann der Versicherer, wenn die Verschollenheitsfrist über die Versicherungszeit hinausläuft, auf Grund der Verschollenheit nicht in Anspruch genommen werden.

§ 85. Auf eine Vereinbarung, nach welcher der Versicherer nach Eintritt eines Versicherungsfalles das Versicherungsverhältnis kündigen kann, kann sich der Versicherer nicht berufen.

Auf eine Vereinbarung, nach welcher der Versicherer wegen der Veräußerung der versicherten Sachen das Versicherungsverhältnis kündigen kann, kann sich der Versicherer nur bei einer Zeitversicherung auf Schiff oder Fracht berufen.

Kündigt der Versicherer bei einer Versicherung auf Schiff oder Fracht das Versicherungsverhältnis, während das Schiff unterwegs ist, so wirkt die Kündigung nicht vor Beendigung der Reise.

XI. Leistung des Versicherers.

A. Grundlage der Leistung: Versicherungswert.

§ 86. Bezieht sich die Versicherung auf eine Sache, so gilt, soweit sich nicht aus den Umständen ein anderes ergibt, der Wert der Sache als Versicherungswert.

§ 87. Ergibt sich, daß die Versicherungssumme erheblich höher ist als der Wert des versicherten Interesses (Versicherungswert), so kann sowohl der Versicherer als der Versicherte verlangen, daß die Versicherungssumme, unter entsprechender Ermäßigung der Prämie für die künftigen Versicherungsperioden, herabgesetzt wird.

Hat der Versicherte eine Versicherung, bei welcher die Versicherungssumme den Versicherungswert übersteigt, in der Absicht abgeschlossen, sich einen rechtswidrigen Vermögensvorteil zu verschaffen, so ist der Vertrag nichtig. Dem Versicherer gebührt gleichwohl die ganze Prämie, es sei denn, daß ihm die Absicht des Versicherten bekannt war.

§ 88. Der Versicherungswert kann durch Vereinbarung auf einen bestimmten Betrag (Taxe) festgesetzt werden. Der Versicherer kann jedoch vor Eintritt des Versicherungsfalles eine Herabsetzung der Taxe fordern, wenn sie wesentlich übersetzt ist; ist imaginärer Gewinn taxiert, so kann der Versicherer eine Herabsetzung der Taxe fordern, wenn sie den Gewinn übersteigt, der zur Zeit des Abschlusses des Vertrages nach kaufmännischer Berechnung möglicherweise zu erwarten war.

Eine Police mit der Bestimmung: „vorläufig taxiert“ wird, solange die Taxe nicht in eine feste verwandelt ist, einer nicht taxierten Police (offenen Police) gleichgeachtet.

Bei der Versicherung von Fracht ist die Taxe in bezug auf einen von dem Versicherer zu ersetzenden Schaden nur maßgebend, wenn es besonders bedungen ist.

Wenn in einem Vertrage mehrere Gegenstände oder eine Gesamtheit von Gegenständen unter einer Versicherungssumme begriffen, aber für einzelne dieser Gegenstände besondere Taxen vereinbart sind, so gelten die Gegenstände, welche besonders taxiert sind, auch als abgesondert versichert.

§ 89. Als Versicherungswert der Güter gilt der gemeine Handelswert und in dessen Ermangelung der gemeine Wert, den die Güter am Orte der Absendung in dem Zeitpunkte haben, welcher nach § 80 für den Beginn der Versicherung maßgebend ist, unter Hinzurechnung der Versicherungskosten sowie derjenigen Kosten, welche bis zur Annahme der Güter durch den Frachtführer entstehen.

Der sich nach Abs. 1 ergebende Wert der Güter gilt auch bei dem Eintritt des Versicherungsfalles als Versicherungswert.

§ 90. Als Versicherungswert des Schiffes gilt der Wert, den das Schiff mit Zubehör in dem Zeitpunkte hat, in welchem die Versicherung beginnt. Dieser Wert gilt auch bei dem Eintritt des Versicherungsfalles als Versicherungswert.

§ 91. Die Ausrüstungskosten, die Heuer und die Versicherungskosten können zugleich mit dem Schiffe oder besonders versichert werden, soweit sie nicht bereits durch die Versicherung der Bruttofracht versichert sind. Sie gelten nur dann als mit dem Schiffe versichert, wenn es vereinbart ist.

§ 92. Die Fracht kann bis zu ihrem Bruttobetrage versichert werden, soweit sie nicht bereits durch die Versicherung der Ausrüstungskosten, der Heuer und der Versicherungskosten versichert ist.

Als Versicherungswert der Fracht gilt der Betrag der in den Frachtverträgen bedungenen Fracht und, wenn eine bestimmte Fracht nicht bedungen ist oder soweit Güter für Rechnung des Reeders verschifft sind, der Betrag der üblichen Fracht (§ 619 des Handelsgesetzbuches).

§ 93. Ist bei der Versicherung der Fracht nicht bestimmt, ob sie ganz oder ob nur ein Teil versichert werden soll, so gilt die ganze Fracht als versichert.

Ist nicht bestimmt, ob die Brutto- oder die Nettofracht versichert werden soll, so gilt die Bruttofracht als versichert.

Sind die Fracht der Hinreise und die Fracht der Rückreise unter einer Versicherungssumme versichert, ohne daß bestimmt ist, welcher Teil der Versicherungssumme auf die Fracht der Hinreise fallen soll, so wird die Hälfte auf die Fracht der Hinreise, die Hälfte auf die Fracht der Rückreise gerechnet.

Ist vereinbart, daß die Nettofracht versichert sein solle, so gelten als solche in Ermangelung einer anderen Verabredung zwei Dritteile der Bruttofracht.

§ 94. Bei der Versicherung von Gütern ist der imaginäre Gewinn oder die Provision, auch wenn der Versicherungswert der Güter taxiert ist, als mitversichert nur anzusehen, sofern es im Vertrage bestimmt ist.

Ist im Falle der Mitversicherung des imaginären Gewinns der Versicherungswert taxiert, aber nicht bestimmt, welcher Teil der Taxe sich auf den imaginären Gewinn beziehen soll, so wird angenommen, daß zehn Prozent der Taxe auf den imaginären Gewinn fallen. Wenn im Falle der Mitversicherung des imaginären Gewinns der Versicherungswert nicht taxiert ist, so werden als imaginärer Gewinn zehn Prozent des Versicherungswertes der Güter (§ 89) als versichert betrachtet.

Die Vorschriften des Abs. 2 kommen auch im Falle der Mitversicherung der Provision mit der Maßgabe zur Anwendung, daß an die Stelle der zehn Prozent zwei Prozent treten.

§ 95. Ist der imaginäre Gewinn oder die Provision selbständig versichert, der Versicherungswert jedoch nicht taxiert, so wird im Zweifel angenommen, daß die Versicherungssumme zugleich als Taxe des Versicherungswertes gelten soll.

§ 96. Die Bodmereigelder können einschließlich der Bodmereiprämie für den Bodmereigläubiger versichert werden.

Ist bei der Versicherung von Bodmereigeldern nicht angegeben, welche Gegenstände verbodmet sind, so wird angenommen, daß Bodmereigelder auf Schiff, Fracht und Ladung versichert sind. Hierauf kann sich, wenn in Wirklichkeit nicht alle diese Gegenstände verbodmet sind, nur der Versicherer berufen.

B. Umfang der Leistung.

§ 97. Der Versicherer haftet nur bis zur Höhe der Versicherungssumme, soweit sich nicht aus diesem Gesetze und den Bestimmungen des Vertrages ein anderes ergibt.

§ 98. Die Versicherung umfaßt den durch den Eintritt des Versicherungsfalles entgehenden Gewinn nur, soweit dies besonders vereinbart ist.

§ 99. Ist die Versicherungssumme niedriger als der Versicherungswert (Unterversicherung), so haftet der Versicherer im Falle eines teilweisen Schadens nur nach dem Verhältnisse der Versicherungssumme zum Versicherungswerte.

§ 100. Aufwendungen, die der Versicherte zur Abwendung des Schadens macht, fallen, auch wenn sie erfolglos bleiben, dem Versicherer zur Last, soweit der Versicherer sie angeordnet hat oder der Versicherte sie den Umständen nach für geboten halten durfte. Der Versicherer hat solche Aufwendungen auch insoweit zu ersetzen, als sie zusammen mit der übrigen Entschädigung die Versicherungssumme übersteigen. Er hat den für die Aufwendungen erforderlichen Betrag auf Verlangen des Versicherten vorzuschießen.

Bei einer Unterversicherung sind die Aufwendungen nur nach dem in § 99 bezeichneten Verhältnisse zu erstatten.

§ 101. Der Versicherer hat dem Versicherten die Kosten, welche durch die Ermittelung und Feststellung des dem Versicherer zur Last fallenden Schadens entstehen, insoweit zu erstatten, als ihre Aufwendung den Umständen nach geboten ist, und zwar auch insoweit, als sie zusammen mit der übrigen Entschädigung die Versicherungssumme übersteigen.

Die Kosten, welche dem Versicherten durch die Zuziehung eines Sachverständigen oder eines Beistandes entstehen, hat der Versicherer nicht zu erstatten, es sei denn, daß der Versicherte zu der Zuziehung verpflichtet war.

Bei einer Unterversicherung sind die nach den Abs. 1, 2 dem Versicherer zur Last fallenden Kosten nur nach dem in § 99 bezeichneten Verhältnisse zu erstatten.

Im Falle des § 111 kann der Versicherte den Ersatz der ihm durch das Abschätzungsverfahren entstandenen Kosten nach dem Verhältnisse verlangen, in welchem der ihm zugesprochene Teil des streitigen Betrages zu dem gesamten streitigen Betrage steht.

§ 102. Sind nach Eintritt eines Versicherungsfalles Aufwendungen zur Abwendung oder Minderung oder zur Ermittelung und Feststellung eines Schadens oder zur Wiederherstellung oder Ausbesserung der durch einen Versicherungsfall beschädigten Sache gemacht oder Beiträge zur großen Haverei geleistet oder ist eine persönliche Verpflichtung des Versicherten zur Entrichtung solcher Beiträge entstanden, so haftet der Versicherer für den Schaden, der durch einen späteren Versicherungsfall verursacht wird, bis zur Höhe der ganzen Versicherungssumme ohne Rücksicht auf die ihm zur Last fallenden früheren Aufwendungen und Beiträge.

§ 103. Der Versicherer ist nach dem Eintritt eines Unfalles berechtigt, sich durch Zahlung der vollen Versicherungssumme von allen weiteren Verbindlichkeiten aus dem Versicherungsvertrage zu befreien, insbesondere von der Verpflichtung, die Kosten zu erstatten, welche zur Rettung, Erhaltung und Wiederherstellung der versicherten Sachen erforderlich sind.

War zur Zeit des Eintrittes des Unfalles ein Teil der versicherten Sachen der vom Versicherer zu tragenden Gefahr bereits entzogen, so hat der Versicherer, welcher von dem Rechte des Abs. 1 Gebrauch macht, den auf jenen Teil fallenden Teil der Versicherungssumme nicht zu entrichten.

Der Versicherer erlangt durch Zahlung der Versicherungssumme keinen Anspruch auf die versicherten Sachen.

Ungeachtet der Zahlung der Versicherungssumme bleibt der Versicherer zum Ersatze derjenigen Kosten verpflichtet, welche auf die Rettung, Erhaltung oder Wiederherstellung der versicherten Sachen verwendet worden sind, bevor seine Erklärung, von dem Rechte Gebrauch zu machen, dem Versicherten zugegangen ist.

§ 104. Der Versicherer muß seinen Entschluß, von dem im § 103 bezeichneten Rechte Gebrauch zu machen, bei Verlust dieses Rechtes dem Versicherten spätestens am dritten Tage nach dem Ablaufe desjenigen Tages erklären, an welchem ihm der Versicherte den Unfall unter Bezeichnung seiner Beschaffenheit und seiner unmittelbaren Folgen angezeigt und alle sonstigen auf den Unfall sich beziehenden Umstände mitgeteilt hat, soweit die letzteren dem Versicherten bekannt sind.

§ 105. Besondere Havereien hat der Versicherer nicht zu ersetzen, wenn sie ohne die Kosten der Ermittelung und Feststellung des Schadens (§ 101) drei Prozent des Versicherungswertes nicht übersteigen; betragen sie mehr als drei Prozent, so sind sie ohne Abzug der drei Prozent zu vergüten.

Ist das Schiff auf Zeit oder auf mehrere Reisen versichert, so sind die drei Prozent für jede einzelne Reise zu berechnen. Der Begriff der Reise bestimmt sich nach § 757 des Handelsgesetzbuches.

§ 106. Die im § 100 und § 63 erwähnten Beiträge, Aufopferungen und Kosten muß der Versicherer ersetzen, auch wenn sie drei Prozent des Versicherungswertes nicht erreichen. Sie kommen jedoch bei der Ermittelung der im § 105 bezeichneten drei Prozent nicht in Berechnung.

§ 107. Ist vereinbart, daß der Versicherer von bestimmten Prozenten frei sein soll, so kommen die Vorschriften der §§ 105, 106 mit der Maßgabe zur Anwendung, daß an die Stelle der dort erwähnten drei Prozent die im Vertrage angegebene Anzahl von Prozenten tritt.

X. Versicherungsfall.

§ 108. Der Versicherte, wenn er von der Versicherung Kenntnis hat, oder der Versicherungsnehmer, ist, sobald er von dem Eintritt des Versicherungsfalles Kenntnis erlangt, verpflichtet, dem Versicherer unverzüglich Anzeige zu machen.

§ 109. Der Versicherte ist verpflichtet, nach dem Eintritte des Versicherungsfalles, soweit tunlich, für die Abwendung und die Minderung des Schadens zu sorgen und dabei die Weisungen des Versicherers zu befolgen; er hat, wenn die Umstände es gestatten, solche Weisungen einzuholen. Sind mehrere Versicherer beteiligt und sind von ihnen entgegenstehende Weisungen gegeben, so hat er die Weisungen derjenigen zu befolgen, welche zusammen die größere Hälfte des Versicherungswertes versichert haben.

Im Falle der Unterversicherung gilt er als Versicherer für den nicht versicherten Teil.

Wenn keine übereinstimmenden Weisungen von Versicherern gegeben werden, welche zusammen über die Hälfte des Versicherungswertes versichert haben, so hat der Versicherte nach eigenem pflichtmäßigen Ermessen zu handeln.

§ 110. Der Versicherte hat nach dem Eintritte des Versicherungsfalles dem Versicherer jede Auskunft zu erteilen, die zur Feststellung des Versicherungsfalles oder des Umfanges der Leistungspflicht des Versicherers erforderlich ist.

Er hat dem Versicherer eine Berechnung des Schadens mitzuteilen und dabei dem Versicherer durch genügende Beläge nachzuweisen:

1. sein Interesse;
2. daß der Gegenstand, auf den sich die Versicherung bezieht, der Gefahr ausgesetzt gewesen ist, gegen welche die Versicherung geschlossen war;
3. den Unfall, auf den der Anspruch gestützt wird;
4. den Schaden und dessen Umfang.

Ist im Vertrage bestimmt, daß der Versicherte von dem Nachweise dieser Umstände oder eines Teiles dieser Umstände befreit ist, so steht es dem Versicherer frei, das Gegenteil zu beweisen. Lautet der Versicherungsschein an Order, so gilt eine solche Bestimmung als nicht getroffen. Ist bei der Versicherung von Gütern im Vertrage bestimmt, daß das Konnossement nicht vorzulegen ist, so befreit diese Vereinbarung nur von dem Nachweise der Verladung.

Als genügende Belege sind im allgemeinen solche Belege anzusehen, die im Handelsverkehre, namentlich wegen der Schwierigkeit der Beschaffung anderer Beweise, nicht beanstandet zu werden pflegen, insbesondere

1. zum Nachweise des Interesses:
   bei der Versicherung des Schiffes die üblichen Eigentumsurkunden;
   bei der Versicherung von Gütern die Fakturen und Konnossemente, sofern nach deren Inhalt der Versicherte zur Verfügung über die Güter befugt erscheint;
   bei der Versicherung der Fracht die Charterpartien und Konnossemente;
2. zum Nachweise der Verladung der Güter die Konnossemente;
3. zum Nachweise des Unfalls die Verklarung und das Tagebuch, in Kondemnationsfällen das Erkenntnis des Prisengerichts, in Verschollenheitsfällen glaubhafte Bescheinigungen über die Zeit, in welcher das Schiff den Abgangshafen verlassen hat, und über die Nichtankunft des Schiffes im Bestimmungshafen während der Verschollenheitsfrist;
4. zum Nachweise des Schadens und dessen Umfanges die den Gesetzen oder Gebräuchen des Ortes der Schadensermittelung entsprechenden Besichtigungs-, Abschätzungs- und Versteigerungsurkunden sowie die Kostenanschläge der Sachverständigen, ferner die quittierten Rechnungen über die ausgeführten Ausbesserungen und andere Quittungen über geleistete Zahlungen; in Ansehung eines teilweisen Schadens am Schiffe (§§ 184, 185) genügen jedoch die Besichtigungs- und Abschätzungsurkunden, sowie die Kostenanschläge nur dann, wenn die etwaigen Schäden, die sich auf Abnutzung, Alter, Fäulnis oder Wurmfraß gründen, gehörig ausgeschieden sind und wenn zugleich, soweit es ausführbar war, solche Sachverständige zugezogen worden sind, die entweder ein- für allemal obrigkeitlich bestellt oder von dem Ortsgericht oder dem deutschen Konsul und, in deren Ermangelung oder sofern deren Mitwirkung sich nicht erlangen ließ, von einer anderen Behörde besonders ernannt waren.

§ 111. Wird die Höhe des Schadens im Wege eines Abschätzungsverfahrens durch Sachverständige bestimmt, so ist die getroffene Bestimmung nicht verbindlich, wenn das Ergebnis offenbar von der wirklichen Sachlage erheblich abweicht. Die Bestimmung erfolgt in diesem Falle durch Urteil. Das gleiche gilt, wenn die Sachverständigen die Bestimmungen nicht treffen können oder wollen oder sie verzögern.

Ist der Versicherungsfall im Inlande eingetreten und sind nach dem Vertrage die Sachverständigen durch das Gericht zu ernennen, so ist für die Ernennung das Amtsgericht zuständig, in dessen Bezirk der Schaden entstanden ist. Durch eine ausdrückliche Vereinbarung der Beteiligten kann die Zuständigkeit eines anderen Amtsgerichts begründet werden. Eine Anfechtung der Verfügung, durch welche dem Antrage auf Ernennung der Sachverständigen stattgegeben wird, ist ausgeschlossen.

Eine Vereinbarung, durch welche von der Vorschrift des Abs. 1 Satz 1 abgewichen wird, ist nichtig.

§ 112. Der Versicherer hat den Schadenersatz in Geld zu leisten.

§ 113. Auf eine Vereinbarung, nach welcher die Leistung des Versicherers erst mit der Feststellung des Anspruches durch Anerkenntnis, Vergleich oder rechtskräftiges Urteil fällig werden soll, kann sich der Versicherer nicht berufen.

§ 114. Ist der Schaden bis zum Ablaufe von zwei Monaten seit der Anzeige des Versicherungsfalles ohne Verschulden des Versicherten noch nicht vollständig festgestellt, so kann der Versicherte in Anrechnung auf die Gesamtforderung die Zahlung des Betrages verlangen, den der Versicherer nach Lage der Sache mindestens zu zahlen hat.

§ 115. Steht dem Versicherten ein Anspruch auf Ersatz des Schadens gegen einen Dritten zu, so hat der Versicherer in gleicher Weise zu leisten, als ob dieser Anspruch nicht bestände.

Soweit der Versicherer dem Versicherten den Schaden ersetzt hat, geht der Anspruch auf den Versicherer über, jedoch unbeschadet der Vorschriften des § 775 Abs. 2 und des § 777 Abs. 2 des Handelsgesetzbuches.

Der Versicherte hat dem Versicherer die zur wirksamen Verfolgung eines solchen Anspruches etwa erforderliche Hilfe zu gewähren, auch für die Sicherstellung des Anspruches durch Einbehaltung der Fracht, Erwirkung des Arrestes in das Schiff oder sonst in geeigneter Weise auf Kosten des Versicherers die nach den Umständen angemessene Sorge zu tragen. Er hat auf Verlangen des Versicherers die Rechtsverfolgung im eigenen Namen zu führen, um im Rechtsstreite dasjenige zu tun, was ordentlicherweise von den Parteien getan zu werden pflegt.

Die §§ 100 und 109 finden entsprechende Anwendung.

Gibt der Versicherte seinen Anspruch gegen den Dritten, oder ein zur Sicherung der Ansprüche dienendes Recht auf, so wird der Versicherer von seiner Ersatzpflicht insoweit frei, als er aus dem Anspruch oder dem Recht hätte Ersatz erlangen können.

Richtet sich der Anspruch des Versicherten gegen einen mit ihm in häuslicher Gemeinschaft lebenden Familienangehörigen, so ist der Uebergang ausgeschlossen; der Anspruch geht jedoch über, wenn der Angehörige den Schaden vorsätzlich oder durch grobe Fahrlässigkeit verursacht hat.

Auf die Rechte des Versicherten an der versicherten Sache im Falle eines Totalverlustes und an einer Forderung, zu deren Deckung eine den Gefahren des Transportes ausgesetzten Sache dient, finden diese Vorschriften entsprechende Anwendung.

XI. Der Schaden.

A. Totalverlust.

a) Absoluter Totalverlust.

§ 116. Ein Totalverlust des Schiffes oder der Güter liegt vor, wenn das Schiff oder die Güter zugrunde gegangen oder dem Versicherten ohne Aussicht auf Wiedererlangung entzogen sind, namentlich wenn sie unrettbar gesunken oder in ihrer ursprünglichen Beschaffenheit zerstört oder für gute Prise erklärt sind. Ein Totalverlust des Schiffes wird dadurch nicht ausgeschlossen, daß einzelne Teile des Wracks oder des Inventars gerettet sind.

§ 117. Ein Totalverlust in Ansehung der Fracht liegt vor, wenn die ganze Fracht verloren gegangen ist.

§ 118. Ein Totalverlust in Ansehung des imaginären Gewinns oder in Ansehung der Provision, welche von der Ankunft der Güter am Bestimmungsort erwartet werden, liegt vor, wenn die Güter den Bestimmungsort nicht erreicht haben.

§ 119. Ein Totalverlust in Ansehung der Bodmerei- und Havereigelder liegt vor, wenn die Gegenstände, welche verbodmet oder für welche die Havereigelder vorgeschossen oder verausgabt sind, entweder von einem Totalverlust oder dergestalt von anderen Unfällen betroffen sind, daß infolge der dadurch herbeigeführten Beschädigungen,

Verbodmungen oder sonstigen Belastungen zur Deckung jener Gelder nichts übrig geblieben ist.

§ 120. Im Falle des Totalverlustes hat der Versicherer die Versicherungssumme zum vollen Betrage zu zahlen.

§ 121. Ist im Falle des Totalverlustes vor der Zahlung der Versicherungssumme etwas gerettet, so kommt der Erlös des Geretteten von der Versicherungssumme in Abzug. Die Bestimmung des § 109 Abs. 2 findet Anwendung.

§ 122. Sind bei einem Totalverluste in Ansehung des imaginären Gewinns (§ 118) die Güter während der Reise so günstig verkauft, daß der Reinerlös mehr beträgt als der Versicherungswert der Güter, oder ist für die Güter, wenn sie in Fällen der großen Haverei aufgeopfert worden sind oder wenn dafür nach Maßgabe der §§ 611, 612 des Handelsgesetzbuches Ersatz geleistet werden muß, mehr als jener Wert vergütet, so kommt von der Versicherungssumme des imaginären Gewinns der Ueberschuß in Abzug.

b) Konstruktiver Totalverlust.

§ 123. Der Versicherte ist befugt, die Zahlung der Versicherungssumme zum vollen Betrage gegen Abtretung der in Ansehung des versicherten Gegenstandes ihm zustehenden Rechte (Abandon) zu verlangen, wenn der Totalverlust des versicherten Gegenstandes entweder unvermeidlich erscheint, oder nur durch Aufwendung von Kosten vermieden werden kann, welche den Wert des versicherten Gegenstandes nach ihrer Aufwendung übersteigen, insbesondere auch:

1. wenn das Schiff verschollen ist;
2. wenn der Gegenstand der Versicherung dadurch bedroht ist, daß das Schiff oder die Güter unter Embargo gelegt, von einer kriegführenden Macht aufgebracht, auf andere Weise durch Verfügung von hoher Hand angehalten oder durch Seeräuber genommen und während einer Frist von sechs, neun oder zwölf Monaten nicht freigegeben sind, je nachdem die Aufbringung, Anhaltung oder Nehmung geschehen ist:
   a) in einem europäischen Hafen oder in einem europäischen Meere einschließlich aller Häfen oder Teile des Mittelländischen, Schwarzen und Asowschen Meeres oder
   b) in einem anderen Gewässer, jedoch diesseits des Vorgebirges der guten Hoffnung und des Kap Horn oder
   c) in einem Gewässer jenseits des einen jener Vorgebirge.

Die Fristen werden von dem Tage an berechnet, an welchem dem Versicherer der Unfall durch den Versicherten angezeigt wird (§ 108).

§ 124. Ein Schiff, welches eine Reise angetreten hat, ist als verschollen anzusehen, wenn es innerhalb der Verschollenheitsfrist den Bestimmungshafen nicht erreicht hat, auch innerhalb dieser Frist den Beteiligten keine Nachrichten über das Schiff zugegangen sind.

Die Verschollenheitsfrist beträgt:

1. wenn sowohl der Abgangshafen als der Bestimmungshafen ein europäischer Hafen ist, bei Segelschiffen sechs, bei Dampfschiffen vier Monate;
2. wenn entweder nur der Abgangshafen oder nur der Bestimmungshafen ein außereuropäischer Hafen ist, falls er diesseits des Vorgebirges der guten Hoffnung und des Kap Horn belegen ist, bei Segel- und Dampfschiffen neun Monate, falls er jenseits des einen jener Vorgebirge belegen ist, bei Segel- und Dampfschiffen zwölf Monate;
3. wenn sowohl der Abgangs- als der Bestimmungshafen ein außereuropäischer Hafen ist, bei Segel- und Dampfschiffen sechs, neun oder zwölf Monate, je nachdem die Durchschnittsdauer der Reise nicht über zwei oder nicht über drei oder mehr als drei Monate beträgt.

Im Zweifel ist die längere Frist abzuwarten.

§ 125. Die Verschollenheitsfrist wird von dem Tage an berechnet, an welchem das Schiff die Reise angetreten hat. Sind jedoch seit dessen Abgange Nachrichten von ihm angelangt, so wird von dem Tage an, bis zu welchem die letzte Nachricht reicht, diejenige Frist berechnet, welche maßgebend sein würde, wenn das Schiff von dem Punkte, an welchem es sich nach sicherer Nachricht zuletzt befunden hat, abgegangen wäre.

§ 126. Die Abandonerklärung muß dem Versicherer innerhalb der Abandonfrist zugegangen sein.

Die Abandonfrist beträgt sechs Monate, wenn im Falle der Verschollenheit (§ 123 Abs. 1 Nr. 1) der Bestimmungshafen ein europäischer Hafen ist, und wenn im Falle der Aufbringung, Anhaltung oder Nehmung (§ 128 Abs. 1 Nr. 2) oder in allen sonstigen Fällen der Unfall sich in einem europäischen Hafen oder in einem europäischen Meere einschließlich aller Häfen oder Teile des Mittelländischen, Schwarzen oder Asowschen Meeres zugetragen hat. In den übrigen Fällen beträgt die Abandonfrist neun Monate. Die Abandonfrist beginnt in den in § 128 Abs. 1 Nr. 1 und 2 bezeichneten Fällen erst mit dem Ablaufe der in den §§ 123 und 124 bezeichneten Fristen.

Bei der Rückversicherung beginnt die Abandonfrist mit dem Ablaufe des Tages, an welchem dem Rückversicherten von dem Versicherten der Abandon erklärt worden ist.

§ 127. Nach dem Ablaufe der Abandonfrist ist der Abandon unstatthaft, unbeschadet des Rechtes des Versicherten, nach Maßgabe der sonstigen Grundsätze Vergütung eines Schadens in Anspruch zu nehmen.

Ist im Falle der Verschollenheit des Schiffes die Abandonfrist versäumt, so kann der Versicherte zwar den Ersatz eines Totalschadens fordern; er hat jedoch, wenn die versicherte Sache wieder zum Vorschein kommt und sich dabei ergibt, daß ein Totalschaden nicht vorliegt, auf Verlangen des Versicherers gegen Verzicht des letzteren auf die infolge der Zahlung der Versicherungssumme nach § 115 Abs. 7 ihm zustehenden Rechte die Versicherungssumme zu erstatten und sich mit dem Ersatz eines etwa erlittenen teilweisen Schadens zu begnügen.

§ 128. Die Abandonerklärung muß, um gültig zu sein, ohne Vorbehalt oder Bedingung erfolgen und sich auf den ganzen versicherten Gegenstand erstrecken, soweit dieser zur Zeit des Unfalles den Gefahren der See ausgesetzt war.

Wenn jedoch nicht zum vollen Werte versichert war, so ist der Versicherte nur den verhältnismäßigen Teil des versicherten Gegenstandes zu abandonnieren verpflichtet.

Die Abandonerklärung ist unwiderruflich.

§ 129. Die Abandonerklärung ist ohne rechtliche Wirkung, wenn die Tatsachen, auf welche sie gestützt wird, sich nicht bestätigen oder zur Zeit der Mitteilung der Erklärung nicht mehr bestehen. Dagegen bleibt sie für beide Teile verbindlich, auch wenn sich später Umstände ereignen, deren früherer Eintritt das Recht zum Abandon ausgeschlossen haben würde.

§ 130. Durch Abandonerklärung gehen auf den Versicherer alle Rechte über, die dem Versicherten in Ansehung des abandonnierten Gegenstandes zustanden.

Der Versicherte hat dem Versicherer Gewähr zu leisten wegen der auf dem abandonnierten Gegenstande zur Zeit der Abandonerklärung haftenden dringlichen Rechte, es sei denn, daß sich diese auf Gefahren gründen, für die der Versicherer nach dem Versicherungsvertrage aufzukommen hat.

Wird das Schiff abandonniert, so gebührt dem Versicherer des Schiffes die Nettofracht der Reise, auf welcher sich der Unfall zugetragen hat, soweit die Fracht erst nach der Abandonerklärung verdient ist. Dieser Teil der Fracht wird nach den für die Ermittelung der Distanzfracht geltenden Vorschriften berechnet.

Den hiernach für den Versicherten entstehenden Verlust hat, wenn die Fracht selbständig versichert ist, der Versicherer der Fracht zu tragen.

§ 131. Die Zahlung der Versicherungssumme kann erst verlangt werden, nachdem die zur Rechtfertigung des Abandons dienenden Urkunden dem Versicherer mitgeteilt sind und eine angemessene Frist zu deren Prüfung abgelaufen ist. Wird wegen Verschollenheit des Schiffes abandonniert, so gehören zu den mitzuteilenden Urkunden glaubhafte Bescheinigungen über die Zeit, in welcher das Schiff den Abgangshafen verlassen hat, und über die Nichtankunft des Schiffes im Bestimmungshafen während der Verschollenheitsfrist.

Der Versicherte ist verpflichtet, bei der Abandonerklärung, soweit er dazu imstande ist, dem Versicherer anzuzeigen, ob und welche andere den abandonnierten Gegenstand betreffende Versicherungen genommen sind, sowie ob und welche Bodmereischulden oder sonstige Belastungen darauf haften. Ist die Anzeige unterblieben, so kann der Versicherer die Zahlung der Versicherungssumme so lange verweigern, bis die Anzeige nachträglich geschehen ist; wenn eine Zahlungsfrist bedungen ist, so beginnt diese erst mit dem Zeitpunkte, in welchem die Anzeige nachgeholt wird.

§ 132. Der Versicherte ist verpflichtet, auch nach der Abandonerklärung für die

Rettung der versicherten Sachen und für die Abwendung größerer Nachteile nach § 69, und zwar so lange zu sorgen, bis der Versicherer selbst dazu imstande ist.

Erfährt der Versicherte, daß ein für verloren erachteter Gegenstand wieder zum Vorschein gekommen ist, so muß er dies dem Versicherer sofort anzeigen und ihm auf Verlangen die zur Erlangung oder Verwertung des Gegenstandes erforderliche Hilfe leisten.

Die Kosten hat der Versicherer zu ersetzen; auch hat er den Versicherten auf Verlangen mit einem angemessenen Vorschusse zu versehen.

§ 133. Der Versicherte muß dem Versicherer, wenn dieser die Rechtmäßigkeit des Abandons anerkennt, auf dessen Verlangen und auf dessen Kosten über den nach § 130 durch die Abandonerklärung eingetretenen Übergang der Rechte eine öffentlich beglaubigte Anerkennungsurkunde (Abandonrevers) erteilen und die auf die abandonnierten Gegenstände sich beziehenden Urkunden ausliefern.

B. Teilschaden.

§ 134. Bei einer Beschädigung des Schiffes gelten, falls das Schiff ausbesserungsfähig ist, die nach den §§ 709 und 710 des Handelsgesetzbuches zu berechnenden Ausbesserungskosten als Betrag des Schadens.

§ 135. Ist die Reparaturunfähigkeit oder Reparaturunwürdigkeit des Schiffes (§ 479 des Handelsgesetzbuches) auf dem im § 530 des Handelsgesetzbuches vorgeschriebenen Wege festgestellt (Kondemnation), so ist der Versicherte dem Versicherer gegenüber befugt, das Schiff oder das Wrack zum öffentlichen Verkaufe zu bringen; im Falle des Verkaufes besteht der Schaden in dem Unterschiede zwischen dem Reinerlös und dem Versicherungswerte.

Die übernommene Gefahr endet für den Versicherer erst mit dem Verkaufe des Schiffes oder des Wracks; auch haftet der Versicherer für den Eingang des Kaufpreises.

Bei der zur Ermittelung der Reparaturunwürdigkeit erforderlichen Feststellung des Wertes des Schiffes im unbeschädigten Zustande bleibt dessen Versicherungswert, gleichviel ob er taxiert ist oder nicht, außer Betracht.

Bei der Ermittelung der Reparaturunwürdigkeit des Schiffes sind den Reparaturkosten etwaige Berge- und Hilfslöhne, sowie sonstige Kosten der Hinschaffung zum Reparaturhafen zuzurechnen, auch wenn sie bereits bezahlt sind.

§ 136. Der Beginn der Ausbesserung schließt die Ausübung des im § 135 dem Versicherten eingeräumten Rechtes nicht aus, wenn erst später erhebliche Schäden entdeckt werden, die dem Versicherten ohne sein Verschulden unbekannt geblieben waren.

Macht der Versicherte von dem Rechte nachträglich Gebrauch, so muß der Versicherer die bereits aufgewendeten Ausbesserungskosten insoweit besonders vergüten, als durch die Ausbesserung bei dem Verkaufe des Schiffes ein höherer Erlös erzielt worden ist.

§ 137. Haben die Güter eine Beschädigung erlitten, so ist bei der Berechnung des Schadens festzustellen, in welchem Verhältnisse der Handelswert oder gemeine Wert, den die Güter im unbeschädigten Zustande am Ablieferungsorte haben würden, zu dem Werte steht, den sie dort im beschädigten Zustande haben; ein diesem Verhältnis entsprechender Bruchteil des Versicherungswertes gilt als Betrag des Schadens.

Die Ermittelung des Wertes, welchen die Güter im beschädigten Zustande haben, erfolgt durch öffentlichen Verkauf oder, wenn der Versicherer einwilligt, durch Abschätzung. Der Wert, welchen die Güter im unbeschädigten Zustande haben würden, bestimmt sich nach § 611 Abs. 1 des Handelsgesetzbuches.

Der Versicherer hat außerdem die Besichtigungs-, Abschätzungs- und Verkaufskosten zu tragen.

Geht ein Teil der Güter auf der Reise verloren, so besteht der Schaden in ebenso vielen Prozenten des Versicherungswertes, als Prozente des Wertes der Güter verloren gegangen sind.

§ 138. Sind Güter auf der Reise infolge eines Unfalles verkauft worden, so besteht der Schaden in dem Unterschiede zwischen dem nach Abzug der Fracht, der Zölle und Verkaufskosten sich ergebenden Reinerlöse der Güter und deren Versicherungswerte.

Die übernommene Gefahr endet für den Versicherer erst mit dem Verkaufe der Güter; auch haftet der Versicherer für den Eingang des Kaufpreises.

Die Vorschriften der §§ 63 bis 67, 100, 101 bleiben unberührt.

§ 139. Bei einem teilweisen Verluste der Fracht besteht der Schaden in demjenigen Teile der bedungenen oder in deren Ermangelung der üblichen Fracht, welcher verloren gegangen ist.

Ist die Fracht taxiert und die Taxe nach § 88 Abs. 3 in bezug auf einen von dem Versicherer zu ersetzenden Schaden maßgebend, so besteht der Schaden in ebensovielen Prozenten der Taxe, als Prozente der bedungenen oder üblichen Fracht verloren sind.

§ 140. Bei einem imaginären Gewinn oder einer Provision, die von der Ankunft der Güter erwartet werden, besteht der Schaden, wenn die Güter in beschädigtem Zustande ankommen, in ebensovielen Prozenten des als Gewinn oder Provision versicherten Betrages, als der nach § 137 zu ermittelnde Schaden an den Gütern Prozente des Versicherungswertes der letzteren beträgt.

Erreicht ein Teil der Güter den Bestimmungshafen nicht, so besteht der Schaden in ebensovielen Prozenten des als Gewinn oder Provision versicherten Betrages, als der Wert des in dem Bestimmungshafen nicht angelangten Teiles der Güter Prozente des Wertes aller Güter beträgt.

Sind bei der Versicherung des imaginären Gewinnes in Ansehung des nicht angelangten Teiles der Güter die Voraussetzungen des § 122 vorhanden, so kommt von dem Schaden der im § 122 bezeichnete Ueberschuß in Abzug.

§ 141. Bei Bodmerei- oder Havereigeldern besteht im Falle eines teilweisen Verlustes der Schaden in dem Ausfalle, welcher sich darauf gründet, daß der Gegenstand, der verbodmet oder für den die Havereigelder vorgeschossen oder verausgabt sind, zur Deckung der Bodmerei- oder Havereigelder infolge späterer Unfälle nicht mehr genügt.

XII. Schlußvorschriften.

§ 142. Bei der Rückversicherung können alle Vorschriften dieses Gesetzes durch Vereinbarung abgeändert werden.

§ 143. Die Versicherung der Haftpflicht des Reeders oder des Schiffseigners für das Verschulden einer Person der Schiffsbesatzung (§§ 485, 486 des Handelsgesetzbuches, §§ 3, 4 des Binnenschiffahrtsgesetzes) fällt unter dieses Gesetz, wenn nicht ausdrücklich vereinbart ist, daß sie unter das Gesetz über den Versicherungsvertrag vom . . . . fallen soll.

§ 144. In bürgerlichen Rechtsstreitigkeiten, in welchen durch Klage oder Widerklage ein Anspruch auf Grund dieses Gesetzes geltend gemacht ist, wird die Verhandlung und Entscheidung letzter Instanz im Sinne des § 8 des Einführungsgesetzes zum Gerichtsverfassungsgesetze dem Reichsgerichte zugewiesen.

Druck von A. W. Hayn's Erben, Berlin und Potsdam.